中国旅游饭店业协会推荐
跟我学饭店服务

酒吧服务训练手册

旅游行业培训教材研发中心组织编写

陈昕 主编

旅游教育出版社
·北京·

责任编辑:景晓莉

图书在版编目(CIP)数据

酒吧服务训练手册/陈昕主编;旅游行业培训教材研发中心组织编写.—北京:旅游教育出版社,2006.7
(跟我学饭店服务)
ISBN 7-5637-1382-4

Ⅰ.酒… Ⅱ.①陈…②旅… Ⅲ.餐厅—商业服务—职业教育—教材 Ⅳ.F719.3

中国版本图书馆 CIP 数据核字(2006)第 068867 号

跟我学饭店服务
酒吧服务训练手册
旅游行业培训教材研发中心组织编写
陈 昕 主编

出版单位	旅游教育出版社
地　　址	北京市朝阳区定福庄南里1号
邮　　编	100024
发行电话	(010)65778403 65728372 65767462(传真)
本社网址	www.tepcb.com
E-mail	tepfx@163.com
排版单位	首都经济贸易大学出版社激光照排部
印刷单位	中国科学院印刷厂
装订单位	河北省三河市发发装订厂
经销单位	新华书店
开　　本	850×1168　1/32
印　　张	5.75
字　　数	116千字
版　　次	2006年8月第1版
印　　次	2006年8月第1次印刷
定　　价	13.00元

(图书如有装订差错请与发行部联系)

出版说明

随着申奥成功和中国旅游业的迅猛发展，对中国饭店业的服务与管理水平提出了更高要求。作为饭店产品生产者和提供者的最广大基层服务人员，其素质高低直接影响到人们对中国饭店业的整体评价。积极开展岗前培训和在岗培训是提高饭店从业者劳动素质、强化其职业能力的有效措施。

目前，我国适用于饭店业短期培训的教材及配套教学 VCD 还是一个空白点。为适应饭店业短期培训的需要，推动旅游饭店职业培训工作，提高培训质量，在中国旅游饭店业协会的大力倡导下，在全国各旅游学校及饭店业的积极参与下，我们成立了旅游行业培训教材研发中心，对涉及饭店业各服务岗位的知识模块、技能要求、操作规范等进行了详细论证和研究，组织业内专家编写了这套《跟我学饭店服务》。

全套教材分为学习手册、训练手册和配套教学 VCD 三个系列：

学习手册，内容涉及前厅、客房、餐厅、酒吧、茶吧、康乐等数个职业岗位群的多项服务技能，内容涵盖了基础知识、岗位素质、业务技能、操作流程四大主题，每一主题下设若干模块，每一模块下设若干知识点。

训练手册，是学习手册的有效补充，它回顾了学习手册中的重点知识和内容，下设训练提示、单元重点回顾、练习指导、请你分析、自我评估、考考你等若干训练点，培训老师和学员可根据自己的实际情况，有选择地进行强化练习。

教学VCD,全面展示了饭店主要工种、主要岗位的服务流程及操作标准,通过演员规范的动作和专业的讲解,让学员掌握每一环节的操作规范,并加以模拟操练,不断提高规范服务能力和应变能力。

与同类出版物相比,《跟我学饭店服务》具有以下特点:

第一,可操作性强。全套教材以读者的实际需要为出发点,紧密结合饭店工作实际,结合新技术、新理念在旅游饭店的实际运用,在编写中坚持"用什么,编什么"的原则。理论知识言简意赅,以够用为度,在实际操作环节中,条理清晰,操作规范,重在学员服务技能的培养。

第二,内容简洁。全套教材文字简练且生动,书中没有过多的文字描述,主要运用各种流程表,说明技能操作的步骤及服务质量标准。

第三,紧扣职业技能鉴定。全套教材紧紧围绕国家职业技能鉴定的内容和要求,在基本保证知识连贯性的基础上,着眼于技能操作,突出针对性、实用性。使读者在学完全套教材后,对饭店业各工种职业技能鉴定的范围和内容有一定的了解。

第四,联动效应强。全套教材实现了学习、训练、模拟演练的联动,学员边看边学、边学边练,更能起到强化技能、规范操作的作用。

第五,版式设计活泼。在行文中穿插了案例、服务小贴士、练习指导、自我评估等知识点,旨在增加读者的认知力和理解力。训练手册中还有操作图解、趣味性图片,寓教于乐,使枯燥的学习变成有趣的游戏。

本套教材既可供各旅游企业、各地旅游培训部门对各岗位员工进行岗前培训或在岗培训,也可供旅游企业各工种员工在参加考核前自学，同时也是各旅游职业学校学生就业培训的良师益友。

教材的出版是一个不断完善的过程，作为国内唯一的一家旅游教育专业出版社，希望得到广大读者一如既往的关心和支持。对教材使用中的问题，更希望得到广大读者的积极反馈，我们定会不断以专业的精神提高我社教材的专业品质，回报广大师生与读者对我们的厚爱。

旅游教育出版社

目 录

第一单元 入职指导 ……………………………………… 1
模块1 认识酒吧及酒吧服务 ………………………… 3
训练提示 …………………………………………… 3
训练1：认识酒吧 …………………………………… 3
训练2：认识对客服务 ……………………………… 4
训练3：认识酒吧优质服务 ………………………… 5
训练4：认识酒吧优质服务的意义 ………………… 6
考考你 ……………………………………………… 7
模块2 酒吧服务员 …………………………………… 8
训练提示 …………………………………………… 8
训练1：学会正确看待酒吧服务 …………………… 8
训练2：培养酒吧服务员的基本素质 ……………… 9
训练3：培养酒吧服务员的职业能力 ……………… 10
考考你 ……………………………………………… 13
单元重点回顾 ……………………………………… 13
练习指导 …………………………………………… 13
请你分析 …………………………………………… 14
心得与体会 ………………………………………… 15
自我评估 …………………………………………… 15

第二单元 对客服务 ……………………………………… 17
模块1 服务准备 ……………………………………… 19
训练提示 …………………………………………… 19

训练1:服务员的准备工作	19
训练2:调酒员的准备工作	20
训练3:收银员的准备工作	21
考考你	21

模块2 对客服务 22

训练提示	22
训练1:练习迎宾、送客及为客指引方向	22
训练2:练习擦拭杯具	24
训练3:练习使用服务托盘	26
训练4:练习点单、开单、上酒、撤酒、添酒	28
训练5:练习更换烟灰缸	31
训练6:练习香烟、雪茄服务	32
训练7:练习欢乐时光服务	35
训练8:练习为特殊客人服务	36
训练9:练习为坐在吧台前的客人服务	37
考考你	38

模块3 收尾服务 40

训练提示	40
训练1:练习为客人最后点单(last order)	40
训练2:练习为客人结账	41
训练3:练习营业结束后的工作	42
考考你	45
单元重点回顾	45
练习指导	45
请你分析	46
心得与体会	48
自我评估	48

目录

第三单元 星级饭店酒吧服务 ·· 49
模块1 星级饭店酒吧服务形式 ·································· 51
训练提示 ·· 51
训练1:认识大堂酒吧服务 ···································· 51
训练2:认识大堂酒廊服务 ···································· 52
训练3:认识主酒吧服务 ······································· 53
训练4:认识茶室或茶廊服务 ································· 54
训练5:认识餐厅酒吧服务 ···································· 54
训练6:认识宴会酒吧服务 ···································· 55
训练7:认识其他酒吧服务 ···································· 55
考考你 ··· 56
单元重点回顾 ·· 56
练习指导 ·· 56
请你分析 ·· 57
心得与体会 ··· 58
自我评估 ·· 58

第四单元 酒水服务 ·· 59
模块1 冰水及软饮料服务 ·· 61
训练提示 ·· 61
训练1:练习制作糖水(syrup) ······························ 61
训练2:练习冰水(ice water)服务 ·························· 62
训练3:练习软饮料(soft drink)服务 ······················ 62
考考你 ··· 64
模块2 咖啡服务 ·· 65
训练提示 ·· 65
训练1:练习预热咖啡用具 ···································· 65
训练2:练习普通咖啡(coffee)服务 ························ 65

    训练3:练习特浓咖啡(espresso)服务 …………………… 66
    训练4:练习冰咖啡(ice coffee)服务 …………………… 68
  考考你 …………………………………………………………… 68
模块3 茶服务 …………………………………………………… 69
  训练提示 ………………………………………………………… 69
    训练1:练习热红茶及热柠檬茶(black tea & lemon tea)
         服务 …………………………………………………… 69
    训练2:练习冰红茶及冰柠檬茶(ice tea & ice lemon tea)
         服务 …………………………………………………… 71
    训练3:练习中国茶(Chinese tea)服务 ………………… 71
  考考你 …………………………………………………………… 72
模块4 葡萄酒服务 ……………………………………………… 73
  训练提示 ………………………………………………………… 73
    训练1:练习红葡萄酒(red wine)服务 ………………… 73
    训练2:练习白葡萄酒(white wine)服务 ……………… 78
    训练3:练习玫瑰红葡萄酒(rose wine)服务 …………… 79
  考考你 …………………………………………………………… 79
模块5 香槟酒服务 ……………………………………………… 81
  训练提示 ………………………………………………………… 81
    训练1:练习香槟酒服务 ………………………………… 81
    训练2:掌握香槟酒服务注意事项 ……………………… 84
  考考你 …………………………………………………………… 84
模块6 啤酒服务 ………………………………………………… 86
  训练提示 ………………………………………………………… 86
    训练1:练习瓶装啤酒服务 ……………………………… 86
    训练2:练习鲜啤酒服务 ………………………………… 87
  考考你 …………………………………………………………… 87

模块7　其他酒类服务 ·· 89
训练提示 ·· 89
训练1：练习特基拉(tequila)服务 ···················· 89
训练2：练习朗姆酒(rum)服务 ························ 90
训练3：练习伏特加(vodka)服务 ····················· 91
训练4：练习白兰地(brandy)服务 ···················· 91
训练5：练习威士忌(whisky)服务 ···················· 92
训练6：练习鸡尾酒(cocktail)服务 ·················· 93
训练7：练习开胃酒(aperitif)服务 ··················· 94
训练8：练习金酒(gin)服务 ······························ 94
训练9：练习中国白酒服务 ······························ 95
训练10：练习黄酒服务 ···································· 96
训练11：练习餐后甜酒(dessert wine)服务 ···· 97
考考你 ·· 97

模块8　食品服务 ·· 99
训练提示 ·· 99
训练1：练习冰激凌服务 ·································· 99
训练2：练习水果盘服务 ································ 100
训练3：练习炸薯条服务 ································ 100
考考你 ·· 100

模块9　特饮服务 ·· 101
训练提示 ·· 101
训练1：练习夏季奶昔服务 ···························· 101
训练2：练习夏季刨冰服务 ···························· 102
训练3：练习夏季水果冰沿服务 ···················· 102
训练4：练习冬季特饮服务 ···························· 102
考考你 ·· 102

单元重点回顾 ·············· 103
练习指导 ················ 103
请你分析 ················ 104
心得与体会 ·············· 105
自我评估 ················ 105

第五单元　酒吧推销技巧　107

模块1　推销常识　109
训练提示 ················ 109
训练1：认识推销误区 ········ 109
训练2：知道推销的重要性 ······ 110
训练3：练习揣摩客人消费心理 ··· 111
考考你 ················· 113

模块2　推销的手段　115
训练提示 ················ 115
训练1：练习产品推销 ········ 115
训练2：练习通过硬件介绍进行推销 · 116
训练3：练习用特色服务进行推销 ·· 117
考考你 ················· 118
单元重点回顾 ·············· 118
练习指导 ················ 118
请你分析 ················ 119
心得与体会 ·············· 120
自我评估 ················ 121

第六单元　处理客人投诉　123

模块1　正确看待客人投诉　125
训练提示 ················ 125
训练1：如何正确看待客人投诉 ··· 125

训练2:了解客人投诉心理 ·················· 127
　　考考你 ······························· 128
模块2　正确处理客人投诉 ················· 129
　　训练提示 ····························· 129
　　训练1:学会记录客人投诉内容 ················ 129
　　训练2:练习解决客人投诉 ·················· 130
　　考考你 ······························· 133
　　单元重点回顾 ·························· 133
　　练习指导 ····························· 133
　　请你分析 ····························· 134
　　心得与体会 ··························· 135
　　自我评估 ····························· 136

第七单元　酒吧英语 ······················ 137
模块1　练习使用酒吧服务英语 ··············· 139
　　训练提示 ····························· 139
　　训练1:进行日常英语对话练习A ··············· 139
　　训练2:进行日常英语对话练习B ··············· 141
　　训练3:进行英语跟进服务练习A ··············· 143
　　训练4:进行英语跟进服务练习B ··············· 144
　　训练5:进行英语自由沟通练习 ················ 145
　　考考你 ······························· 146
　　单元重点回顾 ·························· 147
　　练习指导 ····························· 147
　　请你分析 ····························· 147
　　心得与体会 ··························· 149
　　自我评估 ····························· 149

附录一:酒吧常用设备中英文对照 ············· 151

· 7 ·

附录二:酒吧用具和载杯中英文对照 …………………… 153
附录三:酒吧常用酒水中英文对照 …………………… 158
附录四:酒吧服务程序中英文对照 …………………… 166
后记 ……………………………………………………… 168

第一单元

入职指导

你 将 学 会

☆ 正确看待酒吧服务
☆ 认识到酒吧优质服务的意义
☆ 了解酒吧服务员的基本素质
☆ 了解酒吧服务员的职业能力

第一单元　入职指导

模块 1
认识酒吧及酒吧服务

😊 训练提示

优质服务，不仅对酒吧有益，对服务提供者本人也是难得的经验积累。你可千万不要把优质服务看成是酒吧经营者的事，在与各类客人打交道的过程中，你会学到许多书本所不能给予的东西。

训练1：认识酒吧

酒吧，在英语里是 BAR，原意是长条的木头或金属棒，像门把手或栅栏之类的东西。据说，从前美国中西部的人骑马出行，到了路边的一个小店，就把马缰绳系在门口的一根横木上，进去喝上一杯，稍作休息，然后继续赶路，这样的小店就称为 BAR。

酒吧是休闲娱乐的好去处。去酒吧，无需考虑太多，也没有什么清规戒律，人们可以自由交流。不管对方是谁，只要是在酒吧里，你就可以与其沟通。"酒吧社交"方式的流行，培育出一种尊重和宽容别人的生活新态度。

早期的酒吧是男人的天地，只提供酒水和相关服务，没有食品，单一的功能性较强。而后，随着客源的变化，这种单一性不再能够满足顾客的需求，故而增加了餐食产品及音乐、演艺等表演项目,使酒吧变成了一种全方位休闲文化的综合场合。

我们现在给酒吧的定义是:以提供酒水、服务为主,以营利为目的,做计划性经营的一种经济实体。

训练2:认识对客服务

对客服务是酒吧服务员的主要工作之一。吧台的每一份出品,都可以通过服务来使它更加完美;酒吧文化的魅力之所在,更要靠服务来体现!作为本书重要读者的你,一定要努力修炼服务的基本功才行。

服务,翻译成英文是"SERVICE"。经过长期的服务工作经验总结,专家们给其内容赋予了新的含义:

"S"。引申为 smile(微笑):真诚的微笑是你学会待人接物的起点,也是作为服务员必须掌握的技能!

"E"。引申为 excellent(出色):优质服务是一种艺术,艺术就要追求完美。酒吧服务员必须将每一道服务程序、每一项微小的服务工作都做得很出色,让客人无可挑剔,甚至超出客人的期望值。

"R"。引申为 ready（准备好）：只要是在工作时间内，每一名员工都应该随时准备好为客人提供优质服务。

"V"。引申为 viewing（看待）：是顾客也是朋友，一定要以礼相待，把自己最好的一面展现给客人，让客人感受到家一般的亲切和温暖。切忌见人下菜碟，薄厚不均！

"I"。引申为 inviting（邀请）：这是要求员工在每一次接待服务结束时，都应该显示出诚意和敬意，感谢客人的光临，并主动邀请宾客再次光临。

"C"。引申为 creating（创造）：充分发挥你的能力，精心营造能使宾客满意的服务氛围。

"E"。引申为 eye（目光）：打开你心灵的窗户，用真诚的目光与客人交流，你服务起来会更自信，更能够使宾客感受到你的关心和厚待。

记住这几个单词和它们的含义，不断运用和创新，将来一定会让你受益匪浅！

训练3：认识酒吧优质服务

什么是酒吧的优质服务？那就是：

规范服务＋人性化体贴关怀＝优质服务

所谓规范服务，就是按操作程序及标准提供服务，包括仪容仪表规范、服务礼仪规范、服务用语规范、服务程序规范……由于各个酒吧的具体情况不同，服务标准很难统一，每位员工要根据所在酒吧的实际情况灵活变通。

酒吧虽然千差万别，但是，优质服务的目的却是一致的，那就是：让客人满意！

怎样才能让客人满意？这件事说起来容易，做起来却会很难。同样的服务，客人心情好时更容易得到满足，客人心情不好时又会怎样？你的标准化服务他将视而不见,这时,个性化的体贴关怀就会派上用场。

也是同样的服务,服务员心情好时更容易把愉悦的心情传达给客人,真诚的微笑和体贴的关怀很容易让客人满意；服务员心情不好时,是否还能一如既往地表现得让客人满意？

可见,服务没有最好,只有更好。今天的你比昨天的你更能洞察客人的情绪,那你就进步了。

例如：客人来了,你能主动打招呼；见到独处的客人,你能适时给予特别的关照；与客人交谈,你不会谈及对方的隐私,更不会盯着客人看……点滴的积累会让你更容易提供优质的服务。

规范而又人性化体贴的服务,说得通俗一点,就是"服务到位"！

训练4：认识酒吧优质服务的意义

在实际工作中,到位的服务会让酒吧及服务员个人受益匪浅：

(1)优质服务是酒吧良好形象的展示,能够吸引客人常来消费。

(2)优质服务能在一定程度上弥补酒吧其他方面的不足。

(3)优质服务是无声的语言,它可以向外界传播许多信息,比任何广告都更有说服力。

(4)优质服务将增加酒吧的经济效益。无论是哪类客人,好的服务总会令他们向往,即使价格略高,客人也会乐此不疲。

(5)优质服务能给投资人充足的信心。

(6)优质服务能让酒吧在同行中树立良好的口碑。

(7)优质服务能让酒吧在特殊环境下保持高度的"抗震性"。即使有突发事件发生,酒吧也能正常经营。

(8)始终坚持优质服务,也是对个人素质的一种培养。学会照顾别人,学会面对各种顾客,学会处理各种事件……这些对一个人的成长有很大帮助,可以让你从中领悟到很多书本上难以学到的东西。

考考你

1. 酒吧是以提供_____为主,以_____为目的,做计划性经营的一种经济实体。
2. _____ + _____ =优质服务。
3. 举例说说酒吧优质服务对酒吧、对个人的意义。

模块 2

酒吧服务员

> 😊 **训练提示**
>
> 做好服务工作非常不容易,但在工作中,有享不完的乐趣和学不尽的知识,甚至对你的人生都是一种磨炼!做好酒吧服务工作,你准备好了吗?

训练1:学会正确看待酒吧服务

酒吧服务业的特性是"客人坐着我站着,客人喝着我看着,客人玩着我干着",因此很多人都认为服务员低人一等。事实真是这样吗?

酒吧服务员和其他餐饮服务人员一样,也主要从事前台(客人区域)的服务工作。同样为企业创造着丰厚的财富!

优秀的酒吧服务员,可以称得上是"酒吧之宝"!

为什么这么说呢?酒吧服务最讲究人性化体贴和到位的服务,它们能让你将服务技巧发挥到最佳状态。

大家都知道,去超市或自动贩售机上买一罐可乐,只要一两元钱。而去酒吧消费却要10元,甚至更多。为什么?因为酒吧提供的不仅仅是饮料,还有服务、环境,以及许多无形而又符合客人需求的内容。良好的服务所创造的价值,通常要占到酒吧利润的大部分。

服务是对商品的最好包装,服务本身也能创造价值。优秀的服务员创造的价值越大,对社会的贡献也就越多。

所以,要让别人看得起自己,先得自己看得起自己!

酒吧,在国内虽属新兴行业,但其发展速度十分惊人。光北京每天就有数百家酒吧在营业,对酒吧服务员的需求量极大,是年轻人轻松就业的一个途径。

酒吧业每天都有新饮品诞生,在这里,每天都能体会创新的快乐。

酒吧是人们聚会的场所,和各类客人打交道,能强化你与人沟通的能力。

……

酒吧有这么多吸引我们参与其中的理由,你又有什么看不起这份职业的理由呢?

训练2:培养酒吧服务员的基本素质

酒吧生意好坏,与服务员的销售技巧和能力高低有着直接关系。

你可不要小看了酒水服务,其中的服务技巧可多着呢!不同类型的饮料有许多不同的喝法;来自各地的客人又有不同的饮用习惯,这些情况你都要了如指掌,绝非一日之功。

还要告诉你的是,酒吧的营业时间多在下午和晚上,尤其是晚上的生意会达到一天营业的高峰。因此,你如果想成为一名酒吧服务员,必须调整好作息时间,做好上夜班的准备。

另外,服务员"日行百里不出门",站立、行走、对客服务、托盘等都要有一定的腿力、臂力和腰力,良好的身体素质是做好服务工作的保证。你如果想成为一名酒吧服务员,还要练就连续站立8小时服务的基本功。

案例

王莉被提升

王莉和刘艳毕业后一起被分配到饭店做服务员。半年后,王莉先被提升做酒吧服务领班。为什么呢?

一次,两人穿过饭店大堂去酒吧接班,地面上不知道是谁丢了一块嚼过的口香糖。刘艳差点踩上:"谁这么没道德?"刘艳嘟囔着绕着走开了。王莉快走了两步,从兜里掏出纸巾包住口香糖,丢进了旁边的垃圾桶内。这一切都被经理看到了。

事后,经理问刘艳:"你当时为什么不把那口香糖捡起来?"刘艳回答道:"那多脏呀!再说,还有专门负责打扫卫生的,用不着我管!"经理又问王莉:"当时怎么想的?"王莉说:"维护饭店的卫生是我们每个员工的责任。我把它捡起来是怕被客人踩上,那才丢人呢!"

不久,王莉由于工作积极、主动,待客服务热情周到,多次受到客人和同事们的表扬,被提升为领班。

【分析】

从一个人的行为举止中,可以很深刻地表现出其所具备的素质。这种素质是一种良好的习惯,是要靠多年的修炼才能培养出来的。

【王莉被提升的原因】

1. 王莉对自己的工作定位很准,眼中能找到她应该做的事情。

2. 她把维护酒店荣誉的事情看做是自己的责任,从酒店的整体利益考虑问题。

训练3:培养酒吧服务员的职业能力

不是人人都适合做酒吧服务员!这话听起来不大顺耳,可的确如此!能否成为一名优秀的酒吧服务员,往往取决于个人的性格、知识水平以及自身素质。

太夸张了吧？酒吧服务员不就是端茶倒水的吗？哪有那么难？

错！每个行业对员工都有一定的特殊要求。有些人学历很高，但不一定适合做服务性工作。做好酒吧服务员是一门学问，不是通晓酒水知识就行了，更重要的是要学会做人！

第一，做人的态度是决定你是否适合做服务工作的先决条件。如果自己都把为别人服务看成是一件低三下四的事情，羞于或是不屑为客人服务，那就毫无服务意识可谈，更不用说殷勤周到了。这样的员工自然不适合做服务性行业。

第二，真诚的微笑是你成功的秘诀。

微笑必须发自内心！一个真诚的微笑，能反映个人内心世界中美好的东西。尤其是做服务行业的人，微笑更能体现出一个人的专业素质和修养，让人感觉更有亲和力。

真诚的微笑会给客人一个好的印象，拥有一份愉快的心情。我们的工作就是让客人彻底放松，作为一名合格的服务人员，自身无论遇到什么事，心里有再大压力，都要将其抛于脑后。在你的脸上，应该永远保持真诚的微笑，因为服务是你的工作！

让我们在开始下一单元的学习前先来一个完美的微笑吧！

第三，必须随时随地保持个人卫生及良好的精神面貌，使你工作起来更加自信。

第四，酒吧是一个集体，作为一名酒吧服务员，必须具备良好的协作能力。在工作中，一方面要照顾好客人，另一方面，还要注意和调酒师、出纳员、厨师、保安等保持良好的合作关系。

第五，对待上级要绝对服从。酒吧是一个整体，只有号令统一，才能步调一致。

第六，只要是在上班的时间内，你就必须打起十二分的精神，时刻把自己最好的一面展现给客人。

第七，我要说的，也是最重要的，做个诚实的人比什么都重要！服务员经常会和钱打交道，金钱对任何人都是有诱惑力的，在充满诱惑力的金钱面前你一定要记住：钱是可以挣的，人格是钱买不到的。因此，我相信各位学员能够辨别孰轻孰重，认真对待！学艺之前，先学做人！

第八，正确处理客我矛盾是一个人良好修养的最好体现。

要知道，服务客人绝不是我们的负担，而是我们的工作。不要把客人的挑剔当成故意刁难，因为他们说的每一句话，都有可能成为我们进步的阶梯。

千万不要与客人争吵，在争论中得胜，就会失去一个朋友。如果你以虚心接纳的态度去倾听客人的投诉，不仅有助于解决矛盾，还会让你学会做人。我们常说的"客人总是对的"，就是指在处理客我矛盾时，要从客人的角度和为酒吧争取客源的角度去考虑问题。

给客人下台阶的机会，就等于给了酒吧获利的机会。

第九，正确处理突发事件，可以让你的应变能力发挥得淋漓尽致。

对于酒吧服务员的最大挑战，就是服务的过程中突发事件所造成的服务障碍。它既破坏了规范服务程序，又给管理和服务带来了困难。不要害怕这种事件的发生！要时刻保持头脑冷静，做出正确的判断和决定，尽量争取圆满解决。

但要告诫大家的是：如果发生你无法解决的问题，或客人提出超出你权限范围的要求，千万不要自作主张！及时向你的上级汇报，请他们帮助你协调解决。因为，他们的经验会比你丰富，你也可以从他们解决问题的过程中，学到更多的学问。

酒吧服务是一份非常有意义的工作，只有亲自从事了这个职业，才能真正的感觉到它的魅力！

第一单元　入职指导

 考考你

1. 优秀的酒吧服务员,可以称得上是"＿＿＿＿"!
2. 举例说说作为一名酒吧服务员,应具备哪些基本素质?
3. 为什么说,做人的态度是决定你是否适合做服务工作的先决条件?

 单元重点回顾

- BAR 的起源、发展
- 酒吧的定义
- 正确看待酒吧服务工作
- 酒吧优质服务的意义
- 酒吧服务员的基本素质要求
- 酒吧服务员的职业能力要求

 练习指导

下面的练习将有利于你对本讲知识的掌握,现在就开始吧!
1. 说说 SERVICE 的具体含义。
2. 你是如何看待酒吧服务工作的?
（要点:态度积极,并愿意努力完成。）
3. 去超市或自动贩售机上买一罐可乐,只要一两元钱,而去酒

· 13 ·

吧消费却要10元甚至更多。为什么？

4.告诉我，为什么真诚的微笑是一个人成功的秘诀？

请你分析

如此待客？

有一次，和朋友去酒吧。那间酒吧装修得很有特点，门口有服务生招呼客人。我们因为要谈些生意上的事，自然希望找一个清静点儿的地方方便交谈。

进去后，里面没什么人，落座后，服务员拿来酒单，向我们推荐了很多饮料。当我们说只要壶茶时，他显然有点失望，也不再那么殷勤了，端来茶水，往桌上一放，就退到一边。远远地，不再搭理我们，甚至茶壶空了也不过来看看……

请你分析_____
_____
_____

专家点评

通常，我们将客人分成两种：一种是消费性客人，另一种是非消费性客人。对于消费性客人，大家往往会尽心尽力提供最好的服务；而对于非消费性客人，我们却时常不能给予应有的重视。

要知道，他们虽然今天没有消费，但你的态度，会决定他们在不久的将来能否成为你的"衣食父母"。这些人都是潜在的客人，千万不要因为冷落他们，而让你的生意溜走！

我们的工作是服务顾客，照顾好每位客人是做服务员的本分。

第一单元 入职指导

在工作中,一定要试着站在顾客的角度,多想一想,分析一下对方的心理。才能把服务做到家!

心得与体会 _____

_____

_____

 **自我评估**

练习之后感觉怎么样?给自己打个分吧!请画"√"

项目 \ 成绩	优	良	可	劣
能否正确看待酒吧服务				
优质服务的提供程度				
基本素质的具备情况				
职业能力的具备情况				

第二单元
对客服务

你 将 学 会

☆ 开吧前的准备工作
☆ 开吧后的对客服务工作
☆ 关吧工作

模块 1

服务准备

😊 训练提示

营业前的准备工作又被称为开吧，一般在营业前半小时至一小时进行，有的酒吧在此期间还要进行订货、收货、采买等工作。开吧工作是否细致，直接影响到营业时的工作效率和工作质量。

训练1：服务员的准备工作

(1) 从钥匙存放处领取酒吧钥匙，打开营业区内的所有电源，检查运行是否正常，检查完毕后关闭营业时不用的电源。

(2) 查看交接本上前一个班次交办的事情，看完后签字确认。

(3) 对营业区内的地面、桌椅、装饰物等进行全面清扫。擦拭桌椅时，应保证干净无尘土，并按要求摆放整齐。检查全部桌椅是否牢靠安全，有无损坏。

(4) 更换花瓶内的水。将烟灰缸、促销酒水牌和花瓶按规定摆放在桌子上，摆放方向和摆放位置统一。烟灰缸沿上放一盒火柴，印有酒吧标志的一面朝上。

(5) 将相关服务用具如饮料单、服务托盘、酒水点单、预订簿、餐巾纸等，放在接手桌或领位台上，并检查是否完好，确保可以正常使用。

(6)细致检查所有开吧工作是否都已按要求完成。

(7)召开员工班前例会,由当班负责人进行班前工作动员、专业知识培训和工作要点介绍。

(8)服务员检查个人仪表,站位迎宾。

训练2:调酒员的准备工作

(1)从钥匙存放处领取吧台内钥匙,打开吧台内所有存货的柜子。

(2)打开吧台内所有电源,并将吧内所有用电设备插接电源,检查所有照明和电器设备运转是否正常,记录冰箱温度并及时清理冰箱内的积水。

(3)安装好扎啤机。打开二氧化碳气瓶,检查扎啤机内酒液是否清澈,二氧化碳气体是否充足。先放出一杯扎啤,倒掉,以保证酒液纯正,口味新鲜。

(4)清点各种酒水、饮料和用具的数量,做好开吧前的盘点工作,并与上个班次盘点数量和领货单对比,保证准确无误。

(5)按领货单内容领货,领回后立即各归其位。

(6)将当天不能提供的饮品以及存货量较少的饮品名称告知领班和所有服务员。

(7)擦拭吧台、操作台、各种酒吧设备和调酒用具,保证干净无尘土。

(8)将新台布平整地铺在操作台上,将各种调酒用具有序摆放在上面,在每个吧凳前的台面上摆放一个烟灰缸。

(9)擦拭展示酒瓶瓶身和已经开封的酒水的瓶口处,并将各种酒水按规定摆放在酒水展示柜、架、台、车上,酒标正面朝外。各类酒水尽量分类摆放且每天保持一致。名贵酒摆在突出位置。

(10)检查制冰机内的冰块是否新鲜、充足。备齐各种鸡尾酒配料和常用物品,如鸡蛋、自制糖水等,还要准备各种调酒装饰物如柳丁片、柠檬片、柠檬轮、芹菜杆等,备好后放在瓷碟中用保鲜膜密封。

训练3:收银员的准备工作

(1)从财务部取出备用金、账单、财务专用章、发票、钥匙等各种工作用品,当场清点确认无误后方可签字领用。

(2)打开收银机和发票机,登录并检查运行是否正常,如有异常,应马上与维修人员联系。

(3)用样票检查验钞机是否正常工作。

(4)在交接本上注明发票起始号码、账单起始号码、备用金数额等项内容。

(5)再次清点备用金,并按面值分放在收银机内,连同收银专用章一同锁在收银机内。随身携带收银机和发票机钥匙。

(6)将其他物品分类码放,各归其位。

(7)如无特殊情况,不能擅自离开岗位。确实须要离开的,要有其他专业收银员接岗,并认真做好交接工作。

开吧工作还包括很多内容,各酒吧可根据营业情况灵活安排。

1. 开吧工作一般在什么时候进行?
2. 分别说说服务员、调酒员和收银员都要做哪些开吧前的准备工作。

模块 2

对客服务

训练提示

酒吧的性质不同,对客服务程序会有所区别,但有些最基本的服务内容都是相同的,本模块将向大家介绍这些基本服务程序及行业通用标准,学员可根据实际情况灵活运用。

训练1:练习迎宾、送客及为客指引方向

1. 练习迎宾

迎宾是一个非常关键的环节,通常由专人——领位员(Hostess)来完成。她是酒吧的门面,客人来到酒吧第一个见到的就是她,第一印象也由此形成。

领位员一般都由外型条件较好、有亲和力、头脑反应快、对酒吧服务有较深刻了解的女孩儿来担当。

(1)微笑迎客。见客人到来,领位员应保持标准站姿,面带微笑向客人问好。

(2)认真询问。询问客人人数、有无预订、喜欢坐在什么样的位置等基本信息。

(3)引客入吧。如果酒吧入口离酒吧有一定的距离,领位员

可以与客人进行简单的交谈,例如介绍酒吧、询问客人的基本情况等,这些都会成为有用的信息。

(4)选择座位。将客人引领到适合的位子旁并征询客人意见。如果客人对座位不太满意,可由其自己挑选。

(5)拉椅让座。客人准备落座时,领位员应主动拉椅让座(营业繁忙时,可由值台服务员完成此项工作),示意客人坐下。应当注意的是,在为客人拉椅时不能发出任何声响,这是体现高品质服务的一个方面。

(6)与值台服务员交接。包括客人的人数、对位置环境的要求以及其他特殊要求。

2. 练习送客

送客工作一般由当桌服务员完成。

(1)客人结账完毕起身要走时,当桌服务员应主动将椅子拉开,协助客人离开,并提醒客人带好随身物品。

(2)主动与客人交流,询问对酒吧服务及所提供的酒水是否满意,有无意见和建议,客人家住得远不远等等。一边交谈一边陪同客人走到酒吧门口。

(3)在酒吧门口应该至少有1名领位员和1名酒吧负责人。当客人来到酒吧门口时,应主动向客人致谢。如果可能还要互换名片,以便日后有活动时便于联系。

(4)祝客人一路走好并微笑再见,目送客人离开。

3. 练习引路

(1)客人独自一人离开座位时,有经验的服务员应主动走进客人视线范围内,使客人很容易获得帮助。

(2)客人问路时,服务员应仔细倾听,根据客人需要指引方向。

(3)服务员知道客人去处的,应微笑致意:"请跟我来!"然后在客人左前方或右前方1米左右处为客人引路。

(4)客人要去的地方离酒吧不远的,服务员原则上应亲自带客人到那里;客人要去的地方离酒吧较远的,服务员也应引领客人走到第一个拐弯处,并用手势配合准确的语言描述向客人说明,目送客人走一段路,认定客人所走方向无误时方可离开。

(5)如果工作很忙,服务员不能亲自给客人带路的,应说清行走路线,并引领客人走几步,给客人一个指示的手势并送上一个微笑。如果客人要去的地方较远,应向客人仔细说明到达目的地的最快捷路线和方法,无论客人听明白与否,都应重复一遍,以加深客人印象。

(6)服务员不清楚或不能确定客人要去的地方时,一定要告知客人无法确定,并告诉客人不用担心,并马上向相关人员询问。

训练2:练习擦拭杯具

无论在什么类型的酒吧中,擦拭杯子的工作都由调酒员或服务员来完成,也就是说,都要在客人面前进行(宴会吧台除外,它需要事先准备好杯具)。所以,擦拭杯具也就成了一种在客人面前展示规范服务的技巧。当一个个沾满水迹的杯子经过你的一番熟练、优雅、规范的擦拭,变成明亮通透、光泽如新的杯子后,客人定会投来赞许的目光,这对提升客人消费信心很有效用。

擦拭步骤如下:

(1)准备一块干的口布。擦杯子的口布多用白色涤棉制成,既能映衬酒吧干净的环境,擦拭时又能吸水而且不掉布毛。

(2)用冰桶装一桶热水。如果是餐厅酒吧,还应在里面加上三片柠檬或一些醋,这样容易擦掉沾在杯子上且未冲刷干净的油渍。

(3)先将杯底放在口布的一角上,交于左手掌掌心,攥紧。再将杯口向下放至热水表面,让热水的蒸汽充满杯子内外,再迅速用右手将对称角的口布及除杯底一角外的口布都塞入杯中。

（4）左手握住口布一角和杯底，右手大拇指深入杯中，贴紧内侧杯壁，其余四指分开并贴紧包在外侧杯壁上的口布，将杯子横在胸前，左右手配合向下转动，用力适度擦拭杯子。整个擦拭动作要在蒸汽未散尽前完成。

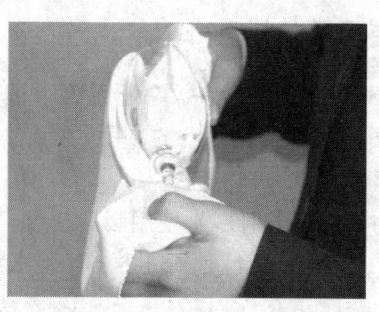

（5）取出杯内的口布。左手仍握住口布和被包住的杯底，将杯子置于灯光下，检查杯子的干净程度。如不干净，可重复擦拭。擦拭后的杯子不能再用手接触，以防留下指印。

特别提示

如果杯子上有污迹没有擦净，一定要重新用热水的蒸汽湿过后重新擦拭，千万不可为了省事而直接用嘴对着杯子吹热气。在高星级饭店,一旦发生这种情况,无论有没有被客人看到,相关人员都将受到最高的处分——严重警告!

若发现杯子有破损,不管破损的大小、破损的位置……应立即停止使用并向保管员报损。

训练3:练习使用服务托盘

服务托盘(Service Tray)在高星级饭店中被直称为英文——Tray,它被服务员亲切地当做自己的左手。

1. 使用圆形托盘

进行简单的酒水服务时多半使用圆形托盘。

(1)使用前,应检查托盘是否干净,有无水渍、油渍,有无破损、杂物。

(2)使用时,左手小臂与大臂呈90度。掌心向上,五指分开,托盘的中心点应在掌心的正上方,与掌心保持水平。

(3)摆放酒水时,要将酒水放在托盘的正中央、掌心受力的范围内,保证托盘平稳,酒水不洒、不倒;把高的、重的酒水放在托盘内侧,矮的、轻的酒水放在托盘外侧。

(4)当酒水较多、较重时,应将托盘向体内平移一些,使之更加靠近身体。

(5)以五个指肚作为支撑,托起托盘。

(6)对于实习生或工作经验不足的新员工来说,可以用右手扶住托盘右侧边缘,以保持托盘水平。只要酒水不洒、不倒,根本不会有人笑话,因为托好托盘是一门功夫,绝非一朝一夕就能练就。

(7)托托盘行走时,要抬头挺胸,双目平视前方,微收下巴,右臂自然摆动,两肩保持水平,步伐均匀适中,始终面带微笑,给人一种很干练、很舒服的感觉。

> 有些服务员在托托盘行走时歪着肩膀,眼睛始终盯着托盘上的酒水,一步一步往前蹭着走,给人一种相当吃力的感觉,让客人觉得托托盘是莫大的负担,甚至想过去帮上一把。这就是干过与没干过、水平高与水平低的差别,明眼人一下子就能分个清清楚楚。有许多管理者在招聘服务员时,用托托盘来初步测试应聘者的工作技能。

(8)没放好托盘前不要急于往外取东西,避免打翻物品。

2. 使用长方形的大服务托盘

还有一种长方形的大服务托盘,常称为长 Tray 或大 Tray。它一般用来一次性运送很多东西,如大型宴会或送餐服务。由于托盘上要放置很多东西且分量很重,所以一般都由男服务生完成服务。

使用这种托盘的姿势与普通服务托盘的姿势完全不同:

(1)将大服务托盘纵向前方置于左手掌掌心上,托盘中心点与掌心重合。

(2)左手五指向前托稳托盘后,将托盘从胸前掉转 180 度托于左肩上。

(3)左手五指完全张开,指尖向后,充分与托盘接触并和小臂呈 90 度,托盘始终在左肩与下颚之间。

(4)托托盘行走时的要求如前所述。

(5)如果托盘不稳,可用右手扶住长方形大托盘的右前角处。

使用长方形大托盘对员工的业务技能要求更高,需要经过相当长时间的锻炼才能保证托盘平稳,行走时仪态自然。这也是为什么大家在一些外国电影中看到的那样,长方形的大服务托盘总是由一些上了年纪的侍者使用。

训练4:练习点单、开单、上酒、撤酒、添酒

为客人点单、开单、上酒、撤酒、添酒,几乎囊括了酒吧服务的全过程。该过程最能展示服务员的水平。

1.练习点单

(1)客人落座后,当桌服务员应打开酒水单的第一页,站在宾客右侧,双手将酒水单呈递给宾客。呈送酒水单的位置以不挡住客人视线为准。

(2)酒水单应每人1份。如果条件不允许,应先女士后男士,先客人后主人,先长辈后晚辈,先领导后下级。

不光是递酒单,酒吧的所有服务程序都应遵照先女士后男士,先客人后主人,先长辈后晚辈,先领导后下级的顺序进行。尤其是先女士后男士这一项千万不能忘记!特别是在为外国人服务时,一定要遵从这个原则,这在英文中被称为Lady First,也就是我们常说的"女士优先"。(只有一件事是个例外,那就是结账,原因就不用多说了吧。)

(3)客人看酒单时,服务员应向后撤两步并稍作等待,给客人一定的空间和时间用于考虑和商量。

(4)如果客人在一段时间内不能决定喝些什么,服务员可上前做简单介绍和推销,根据客人意愿进行进一步的介绍和推销。

(5)当客人决定点单内容后会示意服务员,这时便可开始点单服务。

(6)点单时,服务员应在随身携带的小本上做简单记录,并获得客人的确认!

在对客服务中,有三样东西要随身携带,那就是:笔、火柴和记事本。

它们在日常工作中必不可少,尤其是记事本,不需要很大也不需要很正规,哪怕是用工作中使用过的废纸的背面自己做一个也行。

你可千万别小看这小小的记事本,它的用途可不小。将日常工作中的事情记录下来,向领导汇报时有据可查,领导会认为你对工作认真负责,再有一些重要的事交给你会觉得很放心;与下级员工沟通时,记录下他们的意见和建议,员工们会觉得你很重视他们,渐渐地喜欢与你交流;另外还可以记录下工作时的体会心得,遇到的实际问题,甚至记下工作中不会的英文单词以便学习。时间一长你就会发现,它的好处妙不可言,你根本离不开它。

(7)如果同在一桌的客人较多,一时间难以准确记下每个人的相貌特征和所点饮料,服务员可在小本上简单地画一个Table Plan(桌面图),记下客人的特征和所点饮料的名称数量。

【练习】以一张8人台为例,服务员画下桌形并记录(根据客人特征):红1可、胖2青、老1菊、小男1菠、小女1雪、长1不凉姜、短1杯龙红、1喜1万。

分别代表:红衣服客人点1听可乐,胖一点的客人点2瓶青岛啤酒,老人点菊花茶,小男孩儿点1杯菠萝汁,小女孩儿点1听雪碧,长发的女士点1听不凉的干姜水,短发的女士点1杯龙徽干红,剩下的1位客人点1瓶喜力啤酒和1盒万宝路。

这样记录既准确又快捷。只要能准确记录下来所需内容,怎样记都无所谓,因为这只是开单时的参照,并无具体要求。

(8)点完单后,不管客人所点饮料是多还是少,都必须重复客人点单(Repeat Order),一来可以核对饮料类别、数量,以示对客人负责;二来也能体现高质量的服务,树立良好的企业形象。

(9)如果是外国客人,服务员还要再问一句是分单结账还是合单结账。与国内客人不同,外国客人更喜欢分单结账,提前问清楚可以避免结账时手忙脚乱。

2.练习开单

(1)回到吧台按照所记内容开出正式酒水点单。酒水点单应一式三联,一联给调酒员,一联给收银员,另一联由服务员随身携带。

(2)从吧台领取饮料时应清点核对,以免有误。

3.练习上酒

(1)将酒水饮料用托盘托到客人面前,按照递酒单的顺序依次为客人上酒水饮料。注意所有服务过程都应从客人右侧完成。

(2)服务酒水饮料时,应先将杯垫置于客人正前方,摆正,店标朝上,将杯子放在杯垫上;再将客人所点饮料沿杯壁缓缓倒入杯中;然后将饮料放在杯子的右侧,同时对客人说:"您点的×××,请慢用。"

(3)然后再为下一位客人服务,程序照旧。

(4)当服务完所有酒水饮料后,应说:"您的酒水饮料都上齐了,请问还有什么需要吗?"经客人确认后,再说:"您慢用。"然后后退两步再转身离开。

4.练习添酒、斟酒

(1)当客人杯中的酒水饮料剩1/3时,要主动为客人添加。

(2)同样从客人右侧服务,右手拿起酒水或饮料缓缓倒入杯中。

(3)如还有剩余酒水或饮料,应轻放回原处。

(4)如果酒水饮料已喝完,应将包装或空瓶撤下,并向客人询问是否再点一个。

训练5:练习更换烟灰缸

为客人更换烟灰缸也是一项最基本的服务内容。

客人的烟灰缸内有2个最多不超过3个烟头时,就应更换烟灰缸。

换烟缸时要遵守"二换一"的原则。就是用两个干净的烟灰缸换下一个装有烟头的烟灰缸,具体服务方法如下:

(1)在托盘内平放上两个干净、无破损的烟灰缸,端至欲服务的桌台前。

(2)向客人询问:"对不起,可以换一下烟灰缸吗?"

(3)得到客人允许后,用右手的拇指和中指捏紧干净烟灰缸的外壁,用食指按住烟灰缸的内侧,从客人的右侧将干净的烟灰缸覆盖在已用过的脏烟灰缸上。

(4)将两个烟灰缸一起放到托盘上。

(5)再拿起另外一个新的烟灰缸轻轻放到客人桌子上。

(6)退后两步转身离开,完成整个服务。

(7)把烟灰缸撤下拿到后台时,应先给烟灰缸内倒一些水,确

保烟头已经完全熄灭后方可倒掉,否则容易酿成火灾。

也有的地方用的是"一换一"的方法。就是将盖住脏烟灰缸的新旧烟灰缸一同撤回托盘上之后,再将盖在上面的新烟灰缸放在客人的桌上。这样做有一点不好:烟灰本身很轻,当拿下盖在上面的新烟灰缸时,很有可能将下面烟灰缸内的烟灰带起,造成客人不悦。这也是为什么要坚持"二换一"而不是"一换一"的原因了。

训练6:练习香烟、雪茄服务

1. 服务香烟

酒吧里一般也销售香烟。

(1)客人点要香烟后,服务员应将香烟放在一个瓷制垫碟内,旁边配一盒火柴或打火机一起放在点烟客人的面前。

(2)向客人询问是否需要服务香烟。经客人允许后,熟练打开外包装,撕下烟盒中前端的锡纸,并长短不齐地抽出三四只香烟,将烟盒放在瓷制垫碟内,便于客人取用。

(3)客人准备吸烟时,服务员应主动为客人点火。

(4)先从随身携带的火柴盒中(尽量不要用服务香烟时配给客人的火柴)取出一根火柴,在离客人约0.5米处用右手划着,用左手护住火焰,待火柴完全燃烧起来、硫磺味散尽,上前一步将火柴递于客人的烟前,协助客人点燃香烟。

(5)点完香烟后,服务员应后退半步,将火柴远离客人,左手挡住火焰前端用嘴吹灭,待火焰灭后烟味散尽,将火柴梗儿倒插回火柴盒内。

注意:千万不要将火柴用力摇灭,那样很有可能将火星甩到地上或客人身上,从而引起不必要的麻烦。

(6)如果用打火机为客人点烟,则要事先调整好火焰的大小,在一旁点燃后再递到客人烟前。

案例

实习经理是这么被劝退的

这是我亲身经历的一件事,却让我记忆犹新。

记得那天我在酒吧当班。饭店餐饮部的一名外方实习经理来酒吧检查工作,当他看到酒吧一些欧美客人后就主动上前搭讪、寒暄,为客人斟酒。4号台一位客人刚拿出烟,他就主动上前为其点燃。过了一会儿,他可能发现吸烟客人桌上的烟缸有烟蒂了,就四处环视了一下,伸手将3号台的烟缸(在未经客人允许的情况下)拿了过来给4号台换上。坐在3号台的是位亚洲客人,当时并没有吸烟,所以我也没有多想……第二天,早例会经理传达了"酒吧被投诉"的消息,而且那名外方实习经理被劝退。

【分析】

酒吧被投诉;那名外方实习经理被劝退。肯定是因为其取用烟缸未经客人允许的态度和行为所造成的。

【原因】

(1)那个实习经理没能考虑到所有酒吧客人的感受。对部分客人过分热情,必然会冷落其他人。

(2)客人的尊贵是一样的,不能根据着装、肤色、种族、地位、消费状况去判定。

(3)客人未吸烟并不代表不吸烟。

【正确的做法】

(1)主动和每位客人打招呼。

(2)替客人换烟缸,应该从服务台取新的。不能从其他(特别是有客人的)桌上撤。

(3)从有客人的桌上取东西要征得客人允许。

(4)最重要的是:对客人要一视同仁,不能有种族观念。

2. 服务雪茄

由于雪茄独特的香气会让很多人不习惯,所以在高档酒吧专门设一个雪茄吧(Cigar Bar),供客人享用雪茄。

服务雪茄要比服务香烟难得多。

(1)一般情况下,由客人自己在Humidor(雪茄专用的保湿盒)中挑选雪茄。

(2)客人挑选好雪茄后,服务员应准备好一个瓷制垫碟、一片檀香木片、一个雪茄刀和一盒火柴。

(3)将檀香木片、雪茄刀和火柴放在瓷制垫碟内,放于点雪茄客人的面前,让客人确认。

(4)询问客人是否可以服务雪茄,得到许可后,除去雪茄的外包装。

(5)左手水平拿住雪茄的中间部位。雪茄前端向左、后端向右。

(6)右手拿住雪茄刀,将雪茄后端用来叼住雪茄部分的1/3剪断(根据客人要求剪大约一二毫米就可以了)。

(7)将剪下的碎物和雪茄刀放在瓷制垫碟内。

(8)用火柴点燃檀香木片。

(9)待火焰完全燃起后,将檀香木片交于右手,左手持雪茄中间部位,雪茄前端向右下方倾斜呈45度角,用檀香木片火焰的外焰点燃雪茄前端的中心部分。

注意一定要点燃雪茄前端的中心部分!因为雪茄的大部分香气都来自雪茄最外层的包扎叶,一旦将其烧毁,便无法挥发其应有的香气了。

(10)当雪茄中心部分有些点燃但又没有完全点燃时,便可以将雪茄水平置于胸前,抖动手腕或轻晃小臂,使雪茄左右轻松摇摆,让它的点燃部分与空气充分接触,逐渐地自燃起来。

(11)大约晃动10秒左右后,再重复一遍点雪茄的过程。一

第二单元 对客服务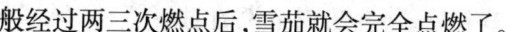

般经过两三次燃点后,雪茄就会完全点燃了。

(12)将檀香木片熄灭,放在瓷制垫碟内。

(13)左手持雪茄中间部分,后端朝向客人,将雪茄递给客人。

(14)将其他使用过的物品放在瓷制垫碟内一并撤走,雪茄服务完成。

> 近年来,一些酒吧为了省去点雪茄时的烦琐程序,纷纷开始使用雪茄专用防风点烟器。它的火焰冲、火力强,而且防风,一般只要一次燃点就可将雪茄前端充分点燃。但这样燃点出的雪茄味道不如用檀香木燃点的效果好,会缺乏一种独有的香气。所以在为那些喜欢雪茄已经到了痴迷程度的客人服务雪茄时,最好还是用檀香木片为好。

训练7:练习欢乐时光服务

无论是高星级饭店还是私营酒吧,都会选一些客人不易光临的时间段,比如每天的用餐时间或周一至周四的白天段,举办"欢乐时光"活动,招揽客人以做促销。

"欢乐时光"的促销方法有很多种,最常见的形式是"买一赠一"。即在促销时间段内,某种饮品在售价不变的情况下实行买一赠一,高星级饭店的酒吧还实行全部酒水买一赠一。

虽说这种促销的力度有些大,但能在非黄金时间段吸引多一些的客人光临总归是一件好事。一来,客人得到了较大的优惠,提升了对酒吧的好感度;二来,酒吧不会在非黄金时间段闲置资源,可谓两全其美、各得其所,实为切实可行之法。

(1)客人在"欢乐时光"时间段内光临酒吧,服务员应主动向客人介绍促销活动,避免客人在不知情的情况下消费,而不能享受到优惠。

(2)服务员在开酒水点单时,要详细注明点单时间、服务员姓名、饮品名称、数量等内容,经领班签字确认后,方可领取酒水、入账……如果将这些环节省略,便会出现常说的"黑单"、"黑钱"、"黑酒水"的现象。

(3) 服务员为客人上第一杯饮料时,要向客人说明还有一杯饮料会随后服务。当客人用完第一杯饮料后,应立即为客人服务第二杯,并告诉客人服务完毕。

(4) 服务员回到吧台后,在已开出的酒水点单上注明第二杯饮料已服务完毕,并让领班确认。

(5) 需要注意的是,在"欢乐时光"期间购买的饮品只能在酒吧中饮用,是不能打包带走的,服务员要向客人事先说明这些特别规定。

训练8:练习为特殊客人服务

这里所指的特殊客人不光是身体有残疾的客人,只要是与一般客人的言语、举动、思想不大一样的客人,都是特殊客人,都要为其提供特殊或贴身服务。但一定要注意尺度,因为很多客人不愿意服务员把他们当成特殊人群来对待,这会使他们产生自卑感甚至是厌恶感。

1. 为残疾客人服务

以身体残疾的客人为例。他们行动不便,我们可以从细节入手,提供一些看似平常但作用不小的服务。比如在给客人上饮料时,将桌子顺手向身体有残疾的客人方向移动一下,便于他拿取饮料。谁都不会注意到这个细小的动作,但客人会记住,并由衷地在心里说一声谢谢。这也就是我们常说的:看似简单的工作,是需要动脑子的。

2. 为上年纪的外国客人服务

再比如,上了年纪的外国客人来到酒吧,如果像照顾老年人一样照顾他们,通常会遭到他们的拒绝,因为在西方人的观念中,只有快要辞世的老人才需要别人的特殊照顾。

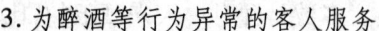

3. 为醉酒等行为异常的客人服务

还有一些客人是暂时性的行为特殊,比如酒醉、失恋等等,这样的客人往往思想、行为都较偏激,不易受控制。为这些客人服务往往是最让服务员头痛的事。

(1)服务员发现酒吧内有醉酒等行为异常的客人时,应立即向酒吧负责人报告,并给予特殊关注。

(2)服务员应给醉酒的客人递上一条小毛巾,扶他到客人较少、较清静的地方坐下。这样既便于客人静心,又不会影响到其他客人。

(3)客人如提出还想喝酒的要求,服务员应婉转地回绝客人。可以采用主动与客人聊天等方式转移客人的兴奋点,使客人逐渐清醒。

(4)如果客人喝了太多的酒,很难在短时间内恢复正常,可向客人索取家人或朋友的联系方式,妥善安置客人。切记,只能向客人索要联系方式,不能因客人酒醉未醒未经同意从客人身上翻找。一旦发现服务员有这种行为,按照店规将受到严惩!

4. 为行为不轨的客人服务

有一类客人,他们通常会仰仗着自己是消费者,对女服务员言语调戏,甚至动手动脚。对于这样的客人,当班的负责人要出面干预不让事态发展。服务员也要洁身自爱,不卑不亢。不要过多计较和理睬,让他们有所自知,稍加收敛,并坚定一个信念:我们是淑女和绅士,服务于淑女和绅士。

训练9:练习为坐在吧台前的客人服务

酒吧的吧台前常会围绕一排吧凳,是专门为那些喜欢看调酒师调酒,并想找人聊天的客人们准备的。无论是酒吧服务员还是调酒员,如有任何工作瑕疵都逃不过客人的眼睛,所以服务要到位,技术要熟练。

喜欢坐在吧台前的客人大多数是独自一人来酒吧的,比较孤单,需要服务员提供个性化的服务。

与客人简单交谈是提供个性化服务的主要方式。多数服务员都能和客人交谈,但谈些什么,谈到什么尺度为宜,就不那么容易了!这关系到个性化服务的技巧问题。

总的来说,能聊的话题很多,但有些内容是不可以涉及的,比如客人的隐私、对政治的态度、做人的准则等等。

可以向客人介绍酒吧特色、本地的风土人情、自然景观、特产、体育运动、电影电视、明星新闻等很多内容。

聊天要适度,切不可得意忘形。绝对不能和客人争辩或喋喋不休耽误工作。

在闲聊的过程中不要忘记为客人换烟缸、添加酒水等分内的工作。

考考你

1. 擦拭杯具有哪些注意事项?
2. 使用长方形的大服务托盘与使用圆形托盘在操作手法上有哪些异同?
3. 请说出递送酒单的顺序。
4. 在对客服务中,有三样东西要随身携带_____、_____和_____。
5. 在各种结账方式中,外国客人更喜欢分单结账还是合单结账?
6. 更换烟灰缸时,"二换一"合理,还是"一换一"合理?
7. 点雪茄时,为什么一定要点燃雪茄前端的中心部分?
8. 用雪茄专用防风点烟器燃点雪茄比用檀香木燃点效果好。这种说法对吗?
9. 提供"欢乐时光"服务时,服务员为什么要向不知情的客人主动介绍促销活动?

10.为坐在吧台前的客人服务时,你们经常会聊哪些话题?客人对哪些话题比较感兴趣?对哪些话题比较反感?

11.为严重醉酒的客人服务时,应注意什么?

模块 3

收尾服务

☺ **训练提示**

善始善终,酒吧服务工作才算完美。下面将练习收吧时最基本的工作内容,其他细节工作学员可根据各酒吧实际情况灵活掌握。总体归纳收吧时的工作重点是:杜绝隐患、保证卫生、结算盘点。

训练 1:练习为客人最后点单(last order)

一般将关吧前半小时定为最后点单时间,酒吧要进行相应的结账、清扫等收尾工作。

(1)服务员应婉转地告诉客人:"对不起,我们酒吧将在半小时后结束营业,不再供应酒水,请问各位还用不用再添加些酒水饮料?"

这虽然是按程序办事,但却会令很多客人反感。试想一下,闲来无事约上三五知己来酒吧谈天说地,尚未尽兴,忽然听说要结账走人,心中自然不悦。但是结账并不等于轰客人马上就走,客人可以继续留在酒吧聊天,会有专门的服务员为他们继续服务,只是不再供应酒水了。服务员只要将这点向客人说明,大多数客人都是会理解的。

(2)如果客人不再点单,应请客人结账;如若还要添加酒水饮料,便为客人进行最后点单。

(3)上饮料时将账单一并带上。

训练2:练习为客人结账

酒吧性质不同,结账有先有后。有的是点完单后先结账,有的则是喝完酒后后结账,但无论是先结还是后结,其服务程序大致相当。

(1)服务员首先应到收银处核对客人的酒水点单与客人所喝酒水饮料是否一致。

(2)收银员将各项消费输入收款机并打印出账单。

(3)服务员再次核对账单与酒水点单,确认无误后将账单和笔放入账单夹中(有些客人可以签单)。

一般情况下,国内客人习惯由一个人来结账,国外客人更习惯于分单结账,这一点要在为客人点完单后向客人询问清楚。

(4)服务员来到客人所在桌子前,打开账单夹让结账客人过目。有的酒吧要求服务员唱收唱付,有的则要求埋单。服务员可视具体情况灵活运用。

(5)用现金结账的,服务员应告诉客人:"请稍候!"马上去收银台找零,同时不要忘记向客人询问发票上的单位名称(在高星级饭店,无论客人是否索要发票,都应给客人开出发票)。

从收银台取回发票和找零,亲自交到结账客人手中,告诉客人找零金额,等客人清点完后嘱咐客人将钱收好并再次向客人致谢。

(6)酒店的住店客人要求签单挂房账(City ledger)的,服务员应请客人出示签单卡或房卡,确认客人的房间号码、签名与房卡上的无误后,完成对客结账。提醒客人收好签单卡,并感谢客人光临。

(7)用信用卡结账的,可视具体情况,请客人到收银台刷卡结账,或由服务员代为刷卡。

有些信用卡需要输入密码,这时一定要请客人亲自刷卡,服务员不能询问客人密码代客输入,以免日后引起不必要的麻烦。

并不是所有的信用卡都可以在任何消费场所使用,服务员应熟知本酒吧可刷卡结账的信用卡种类。

代客刷卡的,服务员将信用卡转交给收银员,由收银员负责核对信用卡的真伪、卡内余额及透支情况。核对无误后刷卡,打印出汇结联,服务员持汇结联交客人核对消费金额并签字。将汇结联中的客户存根一联交给客人保存,并向客人道谢。

(8)用支票结账一般在高档的鸡尾酒会较为常见。由于支票具有单一性和不可重复性,为了避免给工作带来不必要的麻烦,应交由收款员处理,千万不可擅做主张。

训练3:练习营业结束后的工作

营业结束又称关吧。每天到营业时间结束且送走最后一位客人,全天营业即告结束,可开始关吧的各项工作。

首先将酒吧的大门关闭,并在门上挂好停止营业的牌子。星级饭店的大堂吧没有门的,则要在入口处摆放营业结束的立式告示牌,以免不知情的客人继续进入。

1.服务员的收尾工作

(1)清扫地面。将全部桌椅挪开,清理地面上的废弃物,扫地、拖地。铺地毯的每日要吸尘。如果有酒水洒在地毯上,要及时通知管家部清理。如果是木地板或大理石地面,还要定期上蜡保养。

(2)擦拭桌面。保证无杂物、无水迹、无污渍。擦拭椅子时,要特别留意查看是否有客人遗忘的物品,如有,应及时上交领班,并做好记录,以便日后查询。将桌椅全部擦拭完毕后,将其归位,码放整齐。

(3)清理各种饰品。清理各种装饰物上的灰尘,如发现破损或遗失,应及时向当班领班汇报,并在交接班本上注明。按规定收存桌上的花瓶及一般装饰物及较贵重装饰物。

(4)盘点、清洁各种服务用具。所有调酒用具外的一切物品其中包括:服务托盘、烟灰缸、花瓶、茶壶、小吃盅、饮料单等,并在盘点本上作以记录。如有不锈钢器具还要定期进行抛光,不用时要用保鲜膜密封包好,避免与空气接触失去光泽。

(5)进行安全检查。检查各种用电设施、电器是否温度过高、各种电线是否软化,确保第二天能够正常使用。关闭酒吧营业区内的所有电源,包括大灯、射灯、装饰灯、广告灯、音响、电视、演出台电源等,如果有罩子应罩好罩子。

2. 调酒员的收尾工作

(1)擦拭吧台、吧凳和工作地面。检查吧台、吧凳有无损坏。用干布仔细擦拭吧台、吧凳的不锈钢部分,使之光亮如新。皮制吧凳用干布擦拭即可,不可用水擦拭,但要定期保养和消毒。工作地面至少拖两遍以上,确保没有留下工作时倒洒在地上的酒水和果汁渍。

(2)清理操作台。除常用的酒吧设备外,将操作台上的所有酒吧用具收入储物柜中,整齐码放。撤下垫在操作台上的脏的台布,叠好后按规定码放整齐,以便次日更换干净台布。

(3)清点酒水数量。清点展示柜、架、台上的各种酒水数量,检查外包装是否完整无破损,酒标是否完好、清晰、干净。如有问题,及时上报、调换;如无问题,应收入柜中,加锁封存。

(4)清理扎啤机。关闭与扎啤机相连的二氧化碳气瓶,将扎啤机与扎啤桶相连的接口从扎啤桶上摘下,放入清水中浸泡,防止酒吧温度过高产生异味;将接口与把手相交处的保险销取下保存,防止盗打扎啤;将扎啤机酒管内的剩酒全部放出。

(5)清理鲜的调酒装饰物。鲜的调酒装饰物如柠檬片、芹菜杆、黄瓜条等,在密封的条件下最多保存两天,第三天就要将没有用完的鲜的调酒装饰物一律倒掉。

(6)盘点酒水数量。按照已销售的酒水点单核对全天酒水销量,并作详细记录。盘点所有酒水数量、种类是否与当日销售量相符,并在盘点表上作记录。检查剩余酒水的质量,不将过期、破损的酒水留到下一个班次。

(7)关闭电源。检查吧台内各种设备运转情况是否良好,是否有安全隐患,记录冰箱温度并与标准温度作比较。如无任何问题,则关闭吧台内照明和插座电源,只留下各冰箱、制冰机和扎啤机的插座电源以及长明灯的电源,以保证24小时运转。

(8)最后检查。再次检查需上锁的地方是否都已上锁,电源是否关好,所有物品是否都已归位,然后将吧台内钥匙与酒吧钥匙一同上交。

3. 收银员的汇总工作

(1)将全部账单按不同分类统计在账单登记表上,仔细检查确保准确无误。

(2)清点现金数额,保证现金与账单、登记表上的数额相同。

(3)如有用信用卡、签单等方式结账的账单,应单独做报表。

(4)清点备用金数额是否准确,放入现金口袋封存并注明数额、面值、数量、长短款数量等内容,确认无误后方可签字。

(5)用收银机打出当天各种汇结报表,并与现金、账单、登记表核对。

(6)将现金、各种汇结报表、账单、登记表放入另一个现金口袋中封好口,在外面填写现金数额、面值、数量、长短款数量等内容,确认无误后方可签字。

(7)关闭收银机,将钥匙、备用金和现金口袋一同上交,在交接本上注明各项内容并签字确认。

 **考考你**

1. 关吧前,为什么要让客人最后点单?
2. 结账时,唱收唱付就一定好吗?
3. 酒吧常见的结账方式有哪几种?
4. 关吧时,服务员、调酒员和收银员分别要做哪些收尾工作?

 **单元重点回顾**

- 点单、开单、上酒水、添加酒水
- 擦拭酒具
- 使用服务托盘
- 更换烟灰缸
- 香烟、雪茄服务
- 结账

 **练习指导**

下面的练习将有利于你对本讲知识的掌握,现在就开始吧!
1. 当客人提出超出你职权范围的要求时,你应该如何处理?
2. 熟悉酒吧服务员开吧、关吧工作程序。
3. 组织托盘练习,寻找其中技巧。
4. 模拟点单、开单练习。

5. 练习用简单易行的方法记录客人点单内容。
6. 练习为客人服务雪茄。

请你分析

唱收唱付,得罪客人

某市中心新开了一家酒吧。前来贺喜的,还有闻讯而来的客人,一连几天把酒吧塞得满满的。

酒吧很注重服务员的仪表仪容,尤其是直接与客人接触的一线员工清一色都是妙龄少女,高挑的身材,姣美的面容,适度的化妆和淡雅合身的制服,把酒吧和谐融洽的环境衬托得完美无缺。

开业第六天傍晚,华灯初上,酒吧来了两位客人。服务员忙把他们请到一张小桌前坐下。积极主动介绍各种酒水的风味、特色,善解人意地为客人提供建议。在饮酒的2个多小时里,服务员走动勤快,撤换酒杯和烟缸及时,酒水产品的色、香、味、形、饰无可挑剔,两位客人会心地微笑:"市中心的酒吧就是不一样啊!"言语中流露出他们对酒品和服务很满意。

就在他们兴趣盎然、微带酒意准备付账时,一位仪态万方的服务小姐款款而至:"两位先生今晚消费315元,不知哪位付账?"

客人的满腔赞美顿时化作透心的凉气。那位年纪大一点的客人气恼地对服务员说:"请别这样大声叫嚷好吗?我们不会赖账。"

"这是我们饭店的规定。客人结账时服务员应唱收唱付。"服务员似有满腹委屈。她不明白那位先生为何会恼火。

客人匆匆付了钱,抄起放在椅背上的外套,头都不回,逃也似地离开了这家酒吧。

请你分析_____
_____
_____
_____

专家点评

收账也要讲求方式方法。服务员的语气、语调不同,给人的感觉会有所不同。这就要求服务员站在客人的角度,了解客人的消费心理,用适当的语气和语调与客人沟通和交流。

大多数客人消费时,不希望朋友或邻桌的人知道他们一次消费了多少钱。服务员结账时唱收唱付显然未考虑到客人的这种心理需要。

在美国,有些餐馆老板想得很周到。他们一般备两份菜单,一份附有价目,专给男性客人或做东的客人,另一份则给女伴或被邀的客人,其目的在于不让女伴或被邀的客人知道消费额。

本案例中,服务员唱收唱付是对客人隐私的侵犯,让客人感到很没面子,没有得到应得的尊重,未免心生凉气。

在服务工作中,服务员应学会辨别做东的是哪一位。餐后结账时,把账单悄悄递给做东的人,尽可能不打扰同桌其他人。香港人为什么称结账为"埋单",就是因为服务员把账单悄悄埋在茶杯或餐巾下面,不让旁人看见。

从心理学的角度分析,如果消费额不大,唱收唱付会让做东的客人觉得在朋友面前丢了面子;如果消费额很大,唱收唱付又会让同桌的亲朋好友感到不安。所以无论如何,都不应该当着客人的面大声说出消费金额。

心得与体会

_____

_____

_____

 **自我评估**

练习之后感觉怎么样？给自己打个分吧！请画"√"

项目＼成绩	优	良	可	劣
开吧前准备工作的熟练程度				
点单、开单的技巧及熟练程度				
上酒、添酒的规范程度				
擦拭酒具是否规范				
使用服务托盘是否规范				
更换烟灰缸是否规范				
香烟、雪茄服务的规范、标准程度				
结账程序的掌握情况				
收尾工作的掌握情况				

第三单元

星级饭店酒吧服务

你 将 学 会

☆ 认识常见星级饭店的酒吧形式
☆ 不同酒吧的功能特点

第三单元 星级饭店酒吧服务

模块 I
星级饭店酒吧服务形式

😊 训练提示

在星级饭店尤其是高星级饭店,一般都设有饮料部(Beverage Department),专门负责酒吧的接待服务工作。它隶属于餐饮部,分管饭店内的所有酒吧。这些酒吧风格形式不同,客人需求也不尽相同,因此在服务侧重点上也会有所区别,这就对服务员提出了更高要求。本模块将引导你初步认识高星级饭店中常见的酒吧类型、客人需求特点及服务时的侧重点。具体操作要领和标准可参照本书相关模块。

训练1:认识大堂酒吧服务

大堂吧(Lobby Bar),是饭店餐饮部的门面。在大堂吧上班的员工是整个饮料部最出色的,它对调酒师的各项技能要求也是最全面的,当然,大堂吧的工作条件也是最好的。

大堂吧销售的饮品以咖啡、茶和软饮料为主,以鸡尾酒、啤酒为辅,所以在饮品的准备方面要有所侧重。

背景音乐应选择轻柔、优美一些的曲子,或索性放一架钢琴,夜幕将至,请钢琴师和小提琴师现场演奏,烘托气氛。

来大堂酒吧消费的客人多半是住店客人和附近的商务散客,商务会客是他们消费的主要目的。

在为这类客人服务时,服务员要做到松弛有度,既不一味殷勤服务,而频繁打断客人的谈话;又不坐视不理,让客人无法享受高星级饭店的服务。只要做到"轻拿轻放,慢步慢行,眼快心快,想到做到",让客人满意也就不是什么难事了。

欧式酒吧

训练2:认识大堂酒廊服务

大堂酒廊(Lobby Lounge),主要是同事间谈事情,或是需要安静思考的地方。服务员只需远远地关注这些客人即可,除非必要或客人主动提出服务要求,否则不能影响客人。

如果说,在大堂酒吧不能一味追求殷勤服务而频繁打断客人的谈话,那么,在大堂酒廊就更不能这样。

由于功能相似,并且在员工、服务、环境等方面的要求又大致相同,很多时候,饭店会把大堂酒吧和大堂酒廊合为一处经营。

大堂酒廊

训练3：认识主酒吧服务

主酒吧(Main Bar)，一般为全独立式设计，是供客人完全放松、休闲娱乐的场所，多以销售啤酒、鸡尾酒和各类洋酒为主，种类齐全。酒水销售量大，营业额高。几乎每晚都有演出。

英式酒吧

主酒吧的形式、风格与街边的私营酒吧极为相似。这里的服务员不必局限于太多的条条框框,工作环境较为宽松。服务员可以与客人进行各种方式的沟通,比如介绍风土人情、讲笑话聊天、变魔术做游戏等等,灵活性较大。故要求服务员性格外向活泼,反应迅速、亲和力强。

训练4:认识茶室或茶廊服务

"浮生偷得半日闲。"茶室或茶廊(Tea house Tea Lounge)的设置应突出一个"静"字,能够尽量带领客人远离城市钢筋水泥的禁锢,进入到一个清新无我的世界。

茶室或茶廊通常位于饭店较为僻静的地方,正所谓"小径方能通幽",意境也正在于此。对饭店来说,在一块地理位置相对不被看好的地方设立一个茶室或茶廊,往往会带来意想不到的效果。

茶室或茶廊多备有象棋、围棋、扑克牌或各种书籍,为的是让客人驻足久留,细细品茗,给人一种闲云野鹤般难得的清闲。

服务员或是茶艺师应尽量做到慢步轻言,低声细语。

训练5:认识餐厅酒吧服务

餐厅酒吧又称水吧(Soda Bar),它一般不直接服务客人,只是由服务员为客人点单后,再从吧台开出酒水点单,由调酒员按照酒水点单上的品种制作,然后交给服务员。

餐厅的风味不同,供应酒水的品种也不同。如中餐厅主要以国产酒、国产饮料为主;法式餐厅主要以红葡萄酒、白葡萄酒、西式佐餐酒为主;日式餐厅当然不能少了日本的清酒;德式餐厅顾客的最爱是德国烧酒、德国啤酒……

完美地将各地食品、酒水结合起来,形成自身的饮食文化是餐厅酒吧的经营特色。在这里工作的服务员必须了解不同的餐如何搭配不同的酒,使它们相得益彰,让顾客尽享其美妙!

训练6：认识宴会酒吧服务

宴会酒吧（Banquet Bar），一般只在有重大宴会时才临时搭建。由于出席重大宴会的客人较多，又是在事先定好的时间内到达，所以，在这种酒吧服务的要点就是：速度。

多数宴会酒吧都会选用有经验、动作娴熟、反应灵敏的员工。他们要做的不仅仅是快速高效的酒水服务，而且还要适时烘托宴会的气氛，比如为演讲者鼓掌、给唱歌的客人打节奏、与主持人相互呼应等。

由于宴会吧台是临时搭建的，不拘一格，随意性较大，可以根据主办者的意愿和宴会的主题进行发挥。

训练7：认识其他酒吧服务

1. 娱乐性酒吧

在高星级饭店，酒吧还有别的经营形式，如KTV酒吧、夜总会酒吧、迪斯科酒吧等。

这类酒吧属于娱乐性酒吧，是高消费场所，酒水利润高，客人对服务和所提供酒水的期望值也很高，服务员接触客人的机会较多，因此服务显得更为重要，酒水的出品也一定要符合标准。

在营业高峰，会有很多客人同时点单。这时，无论你是新手还是老手，千万不要慌，一个一个来，强化记忆，记住客人特征、记住台号，将会让你受益匪浅。

2. 啤酒花园（Beer Garden）

盛夏时节为了方便客人乘凉，许多饭店会应时设立环境非常宽松、气氛非常热闹的露天酒吧，多叫啤酒花园。

经营啤酒花园要求酒吧服务人员能够随时营造热闹、欢快的气氛，吸引过往行人的目光。

客人较多时，也就意味着调酒师发挥极至魅力的时刻到了——花式调酒表演(Flair show)。

这种表演形式起源于美国。练习者需要长时间艰苦磨炼,才能有过人的技艺。表演配上动感十足的音乐,足以带动在场每个人的情绪。不用多说,沉浸在这种气氛中的您难道不会多饮一杯吗?

3. 社会酒吧

随着人们生活水平的提高,泡吧成为了一种时尚,社会酒吧如雨后春笋蓬勃发展。其随意性强、顾客层次多样,受到越来越多人的喜爱。

考考你

1. 请说说大堂酒廊与大堂酒吧在服务形式上有哪些异同?

2. 主酒吧多以销售_____、_____和_____为主,工作环境较为宽松。

3. 在茶室或茶廊服务,服务员或茶艺师应做到_____、_____。

4. 在宴会酒吧服务的要点就是_____。

单元重点回顾

- 常见的星级饭店的酒吧形式
- 不同酒吧的功能特点

练习指导

下面的练习将有利于你对本讲知识的掌握,现在就开始吧!

第三单元 星级饭店酒吧服务

1.试着找找星级饭店常见酒吧形式的异和同。

2.娱乐性酒吧在营业高峰,会有很多客人同时点单,你该如何做,才能又快又准地为不同客人服务各种酒水饮料?

请你分析

啤酒到底多少度

某酒吧来了四位客人,实习生小刘立即上前招呼客人就座。一位点了一瓶啤酒,另一位女客人说她不能喝酒,接着问小刘,这里的啤酒多少度的。

小刘没想到客人会提这样的问题,她只知道啤酒的度数不高,但准确的酒度她也不知道。她灵机一动回答说:"我给您拿一瓶看看好吗?"客人同意后,小刘从吧台取来一瓶啤酒,边走边看商标,只见上面标着11的字样,便来到客人跟前告诉了客人。女客人一听连连摇头:"太高了,我不要了,下午还有事。"

"哪有那么高的?给我看看。"男客人边说边接过啤酒。客人看了看,然后对小刘说:"上面的11°不是酒精度,而是麦芽汁的浓度。"又指着下面一个小字告诉小刘:"这才是啤酒的酒度,是3.5°。"小刘站在一旁感到非常尴尬。

请你分析＿＿＿＿＿＿＿＿＿＿＿＿＿＿＿＿＿＿＿＿＿＿

＿＿＿＿＿＿＿＿＿＿＿＿＿＿＿＿＿＿＿＿＿＿＿＿＿＿＿＿＿＿

＿＿＿＿＿＿＿＿＿＿＿＿＿＿＿＿＿＿＿＿＿＿＿＿＿＿＿＿＿＿

 **专家点评**

服务员不但要有热情、礼貌的服务态度,还必须掌握丰富的业

务知识技能。

啤酒的酒精含量通常在2%～5%之间,啤酒商标上标明的9°～12°是指所含麦芽汁的浓度,这是两个完全不同的概念。

实习生小刘对酒水知识了解很少,不能准确地向客人介绍,不但容易引起客人不满,而且也不利于推销。可见,掌握丰富的酒水知识是多么重要。

心得与体会
_____
_____
_____

自我评估

练习之后感觉怎么样?给自己打个分吧!请画"√"

项目＼成绩	优	良	可	劣
不同酒吧的服务方式				
不同酒吧的服务要点				
服务效果				

第四单元

酒水服务

你将学会

☆ 冰水及软饮料服务
☆ 咖啡服务
☆ 茶服务
☆ 葡萄酒服务
☆ 香槟酒服务
☆ 啤酒服务
☆ 烈性酒服务
☆ 食品服务
☆ 特饮服务

模块 1

冰水及软饮料服务

训练提示

客人来到酒吧,与服务员接触的机会并不是很多。服务员如何在有限的时间里为客人尽可能多地提供优质服务,就要在服务细节上多下工夫。本模块将让学员学会冰水及软饮料服务的技巧及规范流程。

训练 1:练习制作糖水(syrup)

糖水又叫糖浆、糖油,是酒吧中不可或缺的配料,在服务和制作很多饮料时都会用到它。由于制作方法简单、用料不多且容易保存,所以无论在哪种规模、类型的酒吧中都由酒吧自行制作。

糖水的制作方法非常简单:首先准备一个金属制冰桶,放入 2/3 的白砂糖,再加入 1/3 的热水慢慢搅拌,务必使糖全部溶解在水中。如热水中含糖量已经饱和,且还有剩余白砂糖在冰桶中,则可将桶内热水用咖啡机蒸汽喷头进行慢慢加热,直至白砂糖完全溶解在水中。

制出的糖水应形同蜂蜜,黏稠,倾倒缓慢。如未达到此标准,可再向水中加糖,重复搅拌程序,直至达到要求为止。

将制好的糖水放置 3 个小时左右,待其彻底降温后,再分装到各种容器中放入冰箱内保存。

训练2:练习冰水(ice water)服务

冰水是酒吧内最常用到的饮品。无论是客人单点还是饮用别的饮料时配给,冰水都是不可或缺的。

客人单点冰水时,首先要准备一个干净、无水迹、无破损的水杯,将开吧时准备好的冰水(用软化后的水制成)倒入杯中,还要在杯中加一些时令鲜果如柠檬片、草莓片、樱桃片等等,以增加冰水的香气,使平淡无味的冰水也能变得充满魅力,但要在水果上划开个小口,便于果味渗出。服务时跟配一个杯垫和一张餐巾纸。

在服务其他酒类时所配的冰水是绝对不能加时令鲜果的,因为这样会破坏酒品原有的味道。

不要小看这一杯冰水,它是酒水服务的第一项内容也是最基础的内容,在很多高档餐厅,点冰水都是要付费的。

训练3:练习软饮料(soft drink)服务

1. 服务碳酸饮料

在星级饭店,服务碳酸饮料中的可乐、雪碧、苏打水、汤力水等时要加柠檬片;服务芬达、美年达、干姜水等时不加柠檬片。前者加柠檬片是为了增加饮料的香气,后者属于果味型饮料,饮料本身就有水果味,如若再加入另一种水果,就会破坏饮料原来的水果味道。

2. 服务矿泉水

矿泉水有含气和不含气两种。含气矿泉水要加柠檬片,为的是让柠檬吸收一些二氧化碳气体,客人饮用时不会因为气体太多频频打嗝而失礼;不含气的矿泉水不用加柠檬片,客人饮用就是为了感觉那份纯正、天然、绵甜的味道。

应注意的是,不含气的矿泉水一定要当着客人的面打开。因

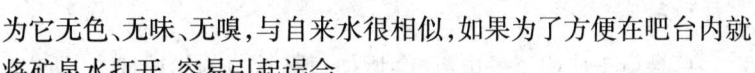

为它无色、无味、无嗅,与自来水很相似,如果为了方便在吧台内就将矿泉水打开,容易引起误会。

3. 服务果汁

服务各种果汁时,一般不需要加入柠檬片,但是有一个例外,就是番茄汁。因为番茄本身会有一种很特殊的味道,制成果汁后会令有些人难以接受,用柠檬特有的刺激气味与之中和,味道便会好很多,同时也增加了香气。

所有软饮料必须在冰箱内冰镇,服务时还要加冰,只有这样,在饮用时才能获得最佳口感,达到清凉解渴的效果。而矿泉水和果汁是个例外,它们只需冰镇不需加冰。如果加冰,矿泉水或果汁就会被稀释,破坏其原有的天然口味。

4. 如何处理杯壁上凝结的水滴

在服务软饮料和冰水时,有一个令客人和服务员都很头痛的问题:由于饮料本身很凉,加冰后,会在杯壁上凝结成一层水滴,客人拿杯子时会很滑,手上也会沾上很多水,非常不便。在这里向大家介绍一个好方法:用餐巾纸将杯子包起来。

(1)取一张正方形的餐巾纸,将其中的两个对角对折。对折后,印有店标的图案向外、向上。

(2)沿着对折时的那条对角线,向上叠一二厘米。将长型的饮料杯倒扣,把已叠好的餐巾纸放在杯子底部并包好。

(3)将对口处餐巾纸的两个小角中的一个盖在另一个的上面,再将盖在上面的餐巾纸小角向下折出一点,露出杯子底部约1厘米,将露出的1厘米餐巾纸小角向内、向上折进被盖在里面的餐巾纸底边中。注意利用餐巾纸的韧性,将杯子包得紧些、牢固些。

(4)将杯子立起来,看看包好的餐巾纸是否紧紧包着杯子,是否会掉下来。如果没有问题,那就大功告成了。

用纸巾包住杯子,既增加了杯子的美观,又展示出与其他酒吧不同的创意,还可以用餐巾纸来吸收凝结在杯子外表的水滴,可谓一举三得。

只是由于使用了餐巾纸,会增加每杯饮料的均摊成本,所以,它只适用于高星级饭店,用来为客人提供超值服务,小型私营酒吧就大可不必了。

 考考你

1. 服务冰水时,为什么要加一些时令鲜果?
2. 矿泉水有_____和_____两种。
3. 为什么说,不含气的矿泉水一定要当着客人的面打开?
4. 服务含气矿泉水时为什么要加柠檬片?
5. 服务各种果汁时都不能加柠檬片。这种说法对吗?
6. 服务矿泉水时需不需要加冰?为什么?
7. 如何处理杯壁上凝结的水滴?

第四单元 酒水服务

模块 2

咖啡服务

☺ **训练提示**

酒吧中的咖啡有很多种,但最常见的是特浓咖啡、普通咖啡和冰咖啡三种。它们多用咖啡机快速研磨制成,也有用虹吸式咖啡壶手工制成的。下面就向大家分别介绍三种咖啡和使用虹吸式咖啡壶手工制作咖啡的方法。

训练1:练习预热咖啡用具

需要提醒大家的是,无论制作哪种咖啡,用什么方法做,只要是热咖啡,就一定要事先预热咖啡用具。

具体方法是,将咖啡用具放在咖啡机上端专门用于预热杯具的金属导热台上,使用时,从贴近导热台处由下至上拿取。由于咖啡杯具多是瓷制且散热较慢,预热后可以使咖啡较长时间保持恒温,使其特有的苦味和醇香散发得淋漓尽致。

训练2:练习普通咖啡(coffee)服务

普通咖啡又称黑咖啡。顾名思义,这种咖啡没有过多的制作过程,是绝大多数客人的首选。

(1)在高星级饭店,通常会准备多种不同口味的咖啡豆供客人选择,服务员为客人点单时要询问清楚客人点要咖啡的种类。小型的私营酒吧则没有这样做的必要。

(2)服务时,将咖啡杯放在咖啡机咖啡出口的下方,按下咖啡机上相应的按钮,咖啡机会在 10~15 秒的时间内,从出咖啡口处流出一份已经制好的咖啡。

(3)将咖啡杯放在垫碟上,杯柄向右平行摆放。不锈钢小勺放在垫碟上,勺柄向右,与杯柄平行。

(4)跟配糖、鲜奶或淡奶。

有些酒吧规定要预先加热跟配的奶,目的是为了保证咖啡的温度。可用微波炉加热,也可用咖啡机上的蒸汽喷头加热。热好后放入小奶扎中即可。

跟配的糖主要有白砂糖、棕糖和健康糖三种,按照规定的数量和摆放方法装入糖缸内。

注意:如果客人点单时明确说明要黑咖啡,服务时则不跟配糖缸、奶扎。

(5)服务时,先将咖啡杯杯柄向右,放在点单客人正前方;然后在咖啡杯的正前方摆放糖缸、奶扎。

(6)无论在哪个酒吧,一般情况下任何咖啡都不续杯。

训练3:练习特浓咖啡(espresso)服务

这种咖啡又称浓缩咖啡、意斯派索咖啡,它是研磨较多的咖啡豆配上极少量的水制成的口味较重、容量较少的咖啡。

服务特浓咖啡时,一般都不跟配糖和奶。客人们更愿意慢慢享用它厚重、浓郁的苦香,细细品味那独特的魅力。

制作特浓咖啡更为简单,只需从咖啡机中打出一份特浓咖啡,将咖啡杯放在垫碟上,按杯、勺摆放标准摆放好即可。

案例

客人是这样被烫伤的

有一次,酒吧里同时来了六位客人,四位是欧美客人,两位是国内客人。也许是天冷的缘故,他们都点了爱尔兰咖啡。大家都知道:服务爱尔兰咖啡时,应该跟配咖啡碟、糖包和咖啡勺。

不巧的是,咖啡勺不够用。服务员小赵顺手拿了几根吸管作为搅拌的替代,给客人送了过去。没到5分钟,突然传来一声惨叫。小赵跑过去一看,一名国内客人张着嘴,被烫得说不出话来了。

小赵被吓傻了,随口说道:"吸管是让你搅拌的,谁让你用吸管喝呀!"那客人既痛苦又生气,与小赵理论起来。经理赶忙过来,制止了小赵的辩解,向客人道歉,最后陪同被烫伤的客人去了医院……

【分析】
很显然小赵应该对当天的事情负全责。
【原因】
(1)酒吧用具必须专物专用,不能任意替代。热饮不能服务吸管,是每个服务员应该知道的常识。
(2)小赵没将自己用吸管替代咖啡勺的事情向客人解释。
(3)小赵被突发事件吓晕了,企图用辩解来推卸责任,只能让问题更严重。
【正确的做法】
(1)当用具或酒水不够时应该向经理汇报。
(2)万不得已要使用替代品时,要向客人解释,征得客人同意。
(3)一些特殊饮料的饮用方法,服务员应该主动向客人介绍。
(4)出现过失,要尽可能为客人考虑,责任是推卸不掉的!

训练4:练习冰咖啡(ice coffee)服务

虽说咖啡热饮才会展现它的极至魅力,但咖啡冰饮也同样令人着迷。

(1)首先应准备一个干净、无破损的柯林杯,在杯中加满冰块。

(2)从咖啡机中打出一份普通咖啡,倒入柯林杯中并用搅棒充分搅拌,使冰块迅速融化,咖啡得以迅速冰镇。

(3)待咖啡完全冰镇后,应进行目测。冰块占杯子容量的1/2为最佳。如果冰块较少,可再添加些。

(4)在杯中放入一根搅棒和一根吸管,跟配自制糖水和鲜奶。

(5)服务程序同普通咖啡服务程序相同。

考考你

1. 咖啡有很多种,但最常见的是_____、_____和_____三种。
2. 服务热咖啡时为什么要事先预热咖啡用具?
3. 服务咖啡时,咖啡杯、勺该如何摆放?
4. 在哪个酒吧,一般情况下任何咖啡都不续杯。这种说法对吗?
5. 服务特浓咖啡时,不跟配糖和奶。这种说法对吗?
6. 服务冰咖啡时,冰块占杯子容量的_____为最佳。

第四单元 酒水服务

模块 3

茶服务

😊 **训练提示**

酒吧中所提供的茶多以英国红茶和中国茶为主。中国茶的制作和服务较为简单,留到最后进行介绍。英国红茶又分为热红茶、冰红茶两种。近几年,还有很多新型品种的茶不断涌现,如泡沫红茶、珍珠奶茶、果味奶茶、果味茶、苦丁茶等等。本模块只就几种典型的茶的服务要点做一介绍。

训练1:练习热红茶及热柠檬茶(black tea & lemon tea)服务

1. 服务热红茶

红茶与咖啡在服务时有很多相似甚至相同之处。

(1)首先要准备红茶。在酒吧中使用的红茶通常是茶包,以便进行成本控制。高星级饭店的酒吧中多使用进口的立顿红茶或是大吉岭红茶,以保证纯正的口味。

(2)然后准备红茶服务用具。通常选用纯白色无花纹瓷制器具。由于热红茶的用具与热咖啡的用具是通用的,准备服务用具时应以咖啡用具的要求为准。

（3）将茶包上的线绳打开，用左手提线，将茶包置于壶中；右手向壶中添加热水，一边加水一边上下提动茶包，让茶均匀、快速地在水中沏泡。

（4）待水加满后，将茶包浸泡在壶中，将线绳在壶把手上缠绕一圈。

（5）服务时，将茶杯放在垫碟上，杯柄向右平行摆放，不锈钢小勺放在垫碟上，勺柄向下与咖啡杯柄相交呈十字形。

（6）服务时，跟配糖和鲜奶或淡奶。有些酒吧规定配红茶的奶也要加热，这也是为了保证红茶的温度。

（7）服务时，端住垫碟，将杯柄向右水平放在客人面前，然后将奶盅、糖缸放在茶杯的正前方，最后将红茶缓缓倒入茶杯中，再将茶壶放在奶盅、糖缸的上方即完成整个服务。

2.服务热柠檬茶

热柠檬茶服务程序及要点与热红茶服务程序基本相同。

热柠檬茶也是用红茶制成的，与红茶不同的是，要在壶中倒入一盎司的瓶装柠檬汁，搅匀，并在杯中放入一片新鲜完好的柠檬轮。服务时只配糖不配奶。

需要注意的是，红茶性温，在沏泡热红茶或热柠檬茶时，对温度的要求极高，一定要用80℃的开水。有的高星级饭店还规定，服务热红茶前一定要预热杯具，以保证红茶的醇香可以充分溢出，达到暖胃、驱寒的作用。这也是为什么红茶最适合在冬天饮用的原因。

无论在哪个酒吧，一般情况下，热红茶和热柠檬茶都只续水不换茶。

3.服务红茶和咖啡的混合饮料——鸳鸯

最后再简单介绍一款红茶的混合饮料——鸳鸯。它口味独特，颇受我国南方客人的青睐，尤以香港、台湾、澳门的客人居多。

这种茶制作非常方便，就是将红茶和咖啡按照对半的比率掺兑,加奶后混合制成。

其服务程序与热红茶服务程序基本相同。

训练2:练习冰红茶及冰柠檬茶(ice tea & ice lemon tea)服务

1. 服务冰红茶

(1)将制好的热红茶倒入加满冰块的柯林杯中至八成满。

(2)插入一根搅棒充分搅拌,以使红茶迅速达到冰镇的要求。搅拌后应保证杯中留有1/3的冰块,确保饮料可以较长时间冰冻。

(3)在杯中插上一根吸管和一根搅棒,注意将吸管在可弯曲处弯曲,以方便客人饮用。

(4)服务时,跟配自制的糖水。注意,为客人上冰镇红茶时,手只能拿住杯子底部,不能接触杯身。

2. 服务冰柠檬茶

冰柠檬茶的服务程序与冰红茶基本相同,只是在冰红茶原有基础上往杯中加1/3盎司的瓶装柠檬汁,搅匀,并用一片柠檬做装饰,可以挂在杯边也可以放入杯中。服务时也要跟配自制的糖水。

在服务时,冰红茶和冰柠檬茶这两种饮料都不续杯。

训练3:练习中国茶(Chinese tea)服务

1. 服务一般中国茶

中国茶的沏泡相对简单。

先将规定用量的茶叶放入中式茶壶中,倒入热水盖上壶盖后,再准备中式瓷茶杯,为的是留出一些时间让茶可以泡开些。

服务时,将茶水倒入中式瓷茶杯中,将杯盖盖好,放下茶壶即可。切记壶口不能正对客人。

如果服务的是菊花茶,还要跟配冰糖。

2. 服务绿茶

服务绿茶时,要用干净、无破损的柯林杯来盛装。

先将水温为80℃左右的热水倒入柯林杯中,然后将绿茶撒在热水表面,让其自然地、缓缓地落入水中。为了让客人能够观赏到绿茶在水中舞动的身影,要尽快为客人服务绿茶。

沏泡绿茶的水温一定要适宜,温度太低,茶叶沏泡不开;温度太高,又会烫伤绿茶稚嫩的叶表,失去独特的清香。

考考你

1. 服务热红茶和服务咖啡时,勺子的摆放方式有何不同?
2. 沏泡热红茶或热柠檬茶时,对温度的要求极高,一定要用_____℃的开水。
3. 热红茶和热柠檬茶可以换茶续水。冰红茶和冰柠檬茶都不续杯。这种说法对吗?
4. 服务中国茶时,是先泡茶还是先准备茶杯,为什么?
5. 沏泡绿茶的水温一定要适宜,温度太低,_____;温度太高,又会_____,失去独特的清香。

模块 4

葡萄酒服务

😊 训练提示

葡萄酒的服务一向被认为是正规、标准服务的代表，尤其是在高星级饭店里，它更是一种令人向往的服务。考虑到葡萄酒服务的严格性和规范性，它历来都被视为衡量一名调酒师或服务员水平高低的重要标准。本模块将依次介绍红葡萄酒、白葡萄酒和玫瑰红葡萄酒的规范服务流程。学员除了认真学习外，还要在课下反复操练。

训练1：练习红葡萄酒(red wine)服务

首先要告诉大家的是，葡萄酒和人一样是有生命的，需要我们细心照顾，倍加呵护。服务员在整个红葡萄酒服务过程中，都应给人以美的享受。

1. 递酒单

客人决定选用红葡萄酒时，服务员先要为客人双手递上葡萄酒单。递酒单时应注意，右手拿葡萄酒单的左上角，左手拿葡萄酒单的右下角，从客人右侧将酒单递于客人面前。

2. 等候点单和推销

退后两步，给予客人充分的时间进行选择。等待约30秒后如果客人仍然没有决定,可主动上前询问或做简单介绍和推销。这就需要服务员掌握相关的红酒知识了。

在极为高档的餐厅,一般设有专门负责推销葡萄酒的人,我们称之为"酒保"。一个优秀酒保的月薪不会低于酒吧经理。

3. 确定点单

当客人确定葡萄酒的品牌后,服务员应重复所点葡萄酒的全称,包括产地、庄园名称、葡萄名称、生产年份等等。等客人确认以后,应快速准确地取出葡萄酒。

4. 拿取葡萄酒

先在左臂上搭一块叠好的口布,最好是白色的,用于服务葡萄酒时使用。在行走过程中,应用左手扶住瓶底,右手托住瓶身,让葡萄酒在胸前呈45度躺在右手掌心上,酒标向上。拿取葡萄酒时,注意不要剧烈晃动,这样会影响葡萄酒的质量。

5. 示酒

当服务员来到点葡萄酒客人的右前方时,应保持标准站姿,将葡萄酒向前微推至客人面前,酒标朝向客人清晰地读出酒名并请客人再次确认,待客人确认无误后便可以开酒了。

6. 开酒

注意整个开酒过程都应在客人面前完成。

(1) 划开锡纸

首先从口袋中取出开瓶器,左手扶住瓶颈偏下一些的地方,右手用开瓶器的小刀在瓶口锡纸下方的棱处按顺时针方向正手划开约2/3个圆,再用反手逆时针划开剩下的1/3。划开锡纸只能用两刀完成,决不能拖泥带水。

划开锡纸时不能转动酒瓶,酒标要一直正对客人。

将划下来的锡纸放入自己的工服口袋中,再将小刀收起。

第四单元 酒水服务

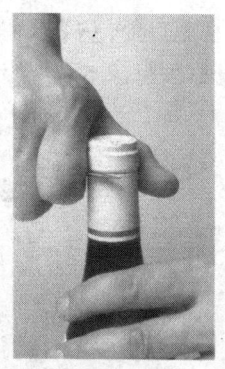
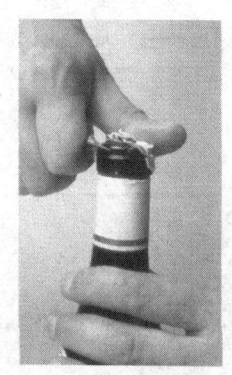

(2)钻橡木塞

将开瓶器的酒钻打开,左手握住瓶颈,右手持开瓶器,将酒钻垂直钻入红葡萄酒瓶口的橡木塞中约2/3处。钻橡木塞时用力一定要均匀,保持酒钻垂直。如果将橡木塞钻歪了,过后就不容易拔出瓶塞了。当酒钻钻入橡木塞约2/3时就可以了。如果用力过猛将橡木塞钻透了,就会有一些橡木塞的木屑掉入瓶中,那服务员的麻烦可就大了!

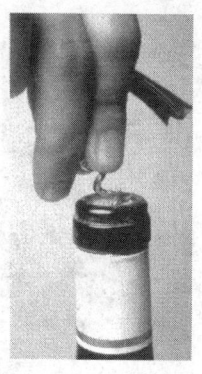
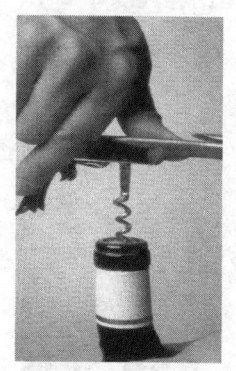

(3) 取橡木塞

接下来用开瓶器顶端的金属杠杆卡在瓶口处,左手扶住瓶颈,右手缓缓提起开瓶器的另一端,利用杠杆原理将橡木塞取出。

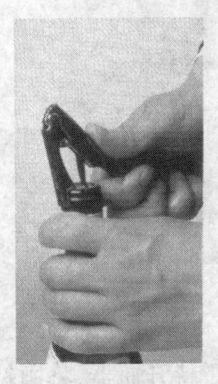 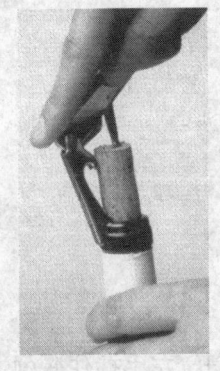 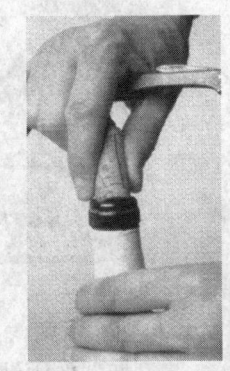

取出橡木塞后应将其迅速从酒钻上旋转取下,将在酒瓶内一端的橡木塞向上,放在一个小白瓷碟或小盘中置于客人右手处,懂得欣赏葡萄酒的客人,会拿起瓶塞闻一闻被红葡萄酒浸泡过的橡木塞的味道,会是另一种享受,也有的客人喜欢收集橡木塞,习惯将橡木塞随手放入口袋里带回家中,所以服务员要将橡木塞放在桌上留给客人。

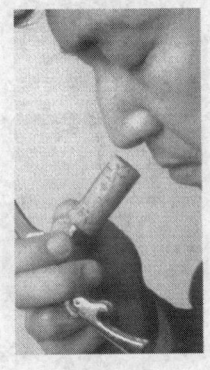 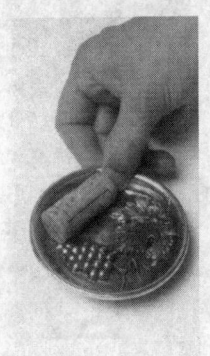

（4）擦拭瓶口

然后要用一直搭在左臂的白口布轻轻将瓶口擦拭一下，避免瓶口有橡木塞的残渣。

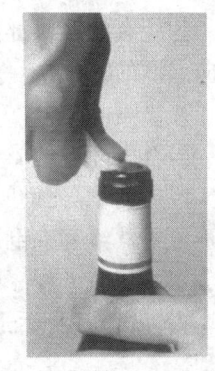

如果是有预订的客人，并且点的是一瓶陈年佳酿，则要在预订时间半小时前左右，应提前将红葡萄酒打开，平放在客人预订的桌上。前面讲过葡萄酒和人一样是有生命的，试想沉睡多年的珍酿，刚开瓶就饮用口味自然不佳，但如果让它充分与空气接触后，待到它完全醒来口味会更加饱满圆润，充分展现它应有的魅力。

7. 试酒

右手握住瓶身，将红葡萄酒倒入点酒客人杯中，斟酒量约为60~80毫升。请客人品尝酒的质量。

在持酒和倒酒的过程中，酒标一定要朝向客人不能有半点遮挡，通常要将右手的大拇指竖起贴住酒瓶以免挡住酒标。经点酒的客人试过酒的品质，确认无误后，就可以斟酒了。

8. 斟酒

斟酒时要按照先客人后主人、先女士后男士的顺序顺时针方向斟倒。如果客人较多，应掌握好每杯酒的斟倒量，或建议客人再点一瓶。

斟酒时瓶口不能碰到酒杯，应将酒缓缓倒入杯中。一般情况下。倒至酒杯的3/4处即可。

倒完一杯酒后将瓶子抬起时，要向内转一下瓶子，避免抬起酒瓶时瓶口处的酒滴在桌布或客人身上。需要注意的是，抬起酒瓶和旋转酒瓶这两个动作应同时进行，不分先后。

倒完每一杯酒后，应用白口布轻轻擦拭瓶口，保证下次倒酒时瓶口干净。

为所有的客人都倒完酒后,将酒瓶放在点酒人的右前方,酒标朝向点酒的客人。

9. 添酒

当客人杯中的酒不足1/4时,要为客人添酒。

添加前,应先询问客人是否可以添加,尤其是女士更是如此。切不可贸然给客人倒酒,以免引起不必要的麻烦。

当一切服务程序都进行完以后,将酒瓶放在点酒人的右前方,祝客人慢慢享用,后退两步后转身离开,完成整个红葡萄酒服务过程。

> 红葡萄酒的最佳饮用温度在18~20℃之间,一般在常温下即可饮用。它口感厚重,略带苦涩,其特有的单宁酸可以与肉的油腻中和,达到和谐的口感。适合搭配颜色深、口味重的肉类食品,如牛排、烤鸭、烧鹅、酱肉、牛柳等,也就是业内人常说的"红酒配红肉"。

训练2:练习白葡萄酒(white wine)服务

白葡萄酒的服务程序和红葡萄酒的服务程序大致相同,区别在于红葡萄酒在常温下即可饮用,白葡萄酒则需要冰镇,它的饮用温度一般在10~15℃之间。

客人点要白葡萄酒后,由调酒员从冰柜中取酒,服务员准备好一个冰桶,在冰桶内装入1/3的水和1/3的冰,可将冰桶直接放在客人桌上或放在冰桶架上立于客人桌旁。

为客人服务完白葡萄酒后,将酒瓶置于冰桶中,再把白口布横着搭放在冰桶上,等到为客人再次添酒时,用白口布擦拭瓶身,以保证瓶身干净无水迹,便于为客人服务。

第四单元　酒水服务

白葡萄酒可以与颜色浅、口味淡的食物搭配，其爽滑清新的果香与这些食物是绝好的搭配。如：牡蛎、龙虾、鸡、鸭、鱼等，也就是业内人常说的"白酒配白肉"。

训练3：练习玫瑰红葡萄酒（rose wine）服务

还有一种不太常见的葡萄酒——玫瑰红葡萄酒（Rose Wine）。玫瑰红葡萄酒的最佳饮用温度界于红葡萄酒和白葡萄酒之间，为15～18℃。这样的温度很难掌控，需要专门配备可恒定的冰箱，或是在客人预订后提前将酒从冰柜中取出放置，以达到合适的饮用温度。

玫瑰红葡萄酒既有适量的单宁酸又有芳香的果味，可以与任何食物搭配，是配餐时的折中选择。

需要说明的是，红葡萄酒、白葡萄酒和玫瑰红葡萄酒都属于佐餐葡萄酒（Table Wine），开瓶后保质期较短，不宜存放，所以在高星级饭店的酒吧中，高档佐餐葡萄酒是不零售的。

另一种强化餐后葡萄酒的服务就极为简单了，也就是人们常说的雪利酒（Sherry）和波特酒（Port）。它们适合在餐后饮用，在常温下服务，将酒倒入雪利杯或波特杯中就行了。雪利酒和波特酒保存起来较为容易，开瓶后可放置1～2年，故可以零杯销售。

考考你

1. 红葡萄酒、白葡萄酒和玫瑰红葡萄酒都属于佐餐葡萄酒，它们的最佳饮用温度分别是_____、_____和_____。
2. 递酒单时，右手拿葡萄酒单的____（左/右）上角，左手拿葡萄酒单的____（左/右）下角，从客人____（左/右）侧将酒单递于客人面前。

3. 回忆一下，开酒瓶划锡纸时都有哪些注意事项？

4. 开酒瓶时，该如何处置取下的橡木塞？

5. 服务陈年红葡萄酒时，为什么最好提前打开瓶盖？

6. 斟酒时，瓶口不能碰到酒杯，应将酒缓缓倒入杯中。一般情况下倒至酒杯的_____处即可。倒完酒后将瓶子抬起时，要向____（内/外）转一下瓶子。

7. 服务白葡萄酒和服务红葡萄酒在服务程序上有哪些不一样的地方？

8. 红葡萄酒、白葡萄酒和玫瑰红葡萄酒都属于佐餐葡萄酒，可以零杯销售。这种说法对吗？

9. 模拟练习红葡萄酒服务程序。

第四单元　酒水服务

模块 5

香槟酒服务

☺ **训练提示**

在比较喜庆的场合,比如庆功会、生日会、婚礼签字仪式等,人们多会选用香槟酒。它独特的开启方式,晶莹的气泡……会使人浮想联翩。

本模块的练习重点是开香槟酒瓶和倒香槟酒,它是最能体现服务员功底的技能,要是不经过专业的训练和常年工作的磨炼是很难达到要求的。

训练1:练习香槟酒服务

服务香槟酒与服务白葡萄酒程序大致相同,只是不用客人试酒,在开瓶时也有所区别。

1. 开瓶方式一

(1) 首先将瓶口外包裹的一层锡纸撕开、除去。

锡纸里面有一个铁箍用来紧紧箍住香槟橡木塞。因为香槟酒内含有大量二氧化碳气体,如若没有铁箍将橡木塞套住并且固定,那么在生产、运输、储藏和服务的过程中,香槟酒一旦受到剧烈晃动就很有可能将橡木塞顶出,使香槟酒喷洒甚至瓶身爆炸,所以在服务过程中要格外小心。

(2)用左手按住瓶塞,右手拧开用铁丝制成的铁箍,再将铁箍取下。

(3)用白口布盖住瓶塞,左手扶住瓶身,右手通过盖在瓶塞上的白口布拧动瓶塞,待瓶塞松动后,右手会感到瓶内的气体压力将瓶塞向上顶起,此时只需稍加控制力度,随着轻轻的一声闷响,瓶塞便可自己顶出。

2. 开瓶方式二

还有一种开瓶方式,是将瓶塞弹出发出较大的声响,以烘托气氛。适用于非正式场合和庆祝活动。

操作方法同开瓶方式一基本相同,只是在拧动瓶塞后感觉瓶塞在向上顶的时候,撤下白口布,用右手的大拇指用力按住瓶塞,使之不会自己弹出(但这并不能保持多长时间),等到需要打开时,将香槟酒瓶口斜向上方,将大拇指移至瓶塞与瓶口的交界处,用力弹出瓶塞即可。

在弹出瓶塞前一定要观察四周环境,不能有灯泡、玻璃、装饰物等易碎品或危险品,更不能将香槟口对着人。

由于香槟塞弹出后的力量非常大,稍不留神就会出事,所以使用这种方法开启酒瓶最好是在室外空旷处进行。有的书对这种开启方式根本就不予介绍,这也是可以理解的。

3. 开瓶方式三

香槟酒还有一种开启方式鲜为人知,但却被业内人士公认为是最难、也是最潇洒的开启方式——军刀开香槟。

光听名字就够有吸引力的吧!它起源于拿破仑时期。拿破仑酷爱香槟,每次出征都要带上一些香槟酒,供战争胜利时用来庆祝,因此,香槟酒也就成了胜利之酒。

香槟也被世人誉为胜利之酒,就是因为拿破仑每次带到战场的庆功酒都是香槟,只有一次他带的是啤酒,便遭到了惨败,那就是著名的滑铁卢之战。

第四单元　酒水服务

英勇豪迈的战士们在获胜后根本无法控制心中的喜悦,等不到经过一道道烦琐的开香槟程序,便由骑在战马上的每队军官代劳了。他们左手将已经晃动过的香槟高高举起,右手挥舞着军刀,利用精准的刀法,将香槟露在瓶口外的橡木塞一刀切下,在瓶口内的橡木塞已经无法顶住瓶内的气体,夺瓶而出,飞向天空。

试想一下,闪亮的军刀划过空中,"砰"地一声,香槟塞直冲蓝天,喜悦的香槟顺着英雄们的手臂洒在他们曾经流淌过热血的疆场,这该是多么令人激动不已的时刻啊!

战争结束后,军刀开香槟便逐渐演变为一种时尚。在盛大的宴会中,由身着礼服式军装的军人在众多来宾前表演。尽管开启的方法差不太多,但已经没有了那种"黄沙百战穿金甲,不破楼兰终不还"的豪迈英雄气势了。

4. 倒酒

(1) 将瓶塞和口布交于左手,右手持瓶准备倒酒。

倒香槟酒最能体现服务员的功底。它要求服务员用整只右手托在瓶子的最下方,倒酒时自然不太容易掌控瓶子。要是不经过专业的训练和常年工作的磨炼是很难达到要求的。

(2) 将右手大拇指深入香槟酒瓶下面的凹形处,剩下四指分开从下面托住香槟酒瓶,保证倒香槟时酒瓶平稳、酒标向上。如果香槟瓶下面的凹形处较浅,可将大拇指弯曲并顶进凹形处。

(3) 由于香槟酒中含有大量二氧化碳气体,倒酒时气体会一涌而上,一次倒得太满会使气泡连同酒液溢出杯子,所以倒好一杯香槟酒应分两三次完成。

(4) 每倒完一次都要同服务红葡萄酒一样转一下瓶子,并用白口布擦拭瓶口。也可用左手垫着白口布托住瓶颈,向杯中倒酒,这样倒酒就比较容易,适合女服务员操作。

(5) 每杯香槟酒都不应倒得太满,倒至酒杯的 3/5 处即可。

训练2：掌握香槟酒服务注意事项

1. 香槟酒一般不零杯售卖

由于香槟酒内含有大量的二氧化碳，开瓶后容易挥发不易保存，所以酒吧中常用香槟瓶塞(Champagne Bottle Shuttle)将瓶口封好，但就是这样，还是会造成气体流失，所以酒吧一般不零杯售卖。

2. 取下铁箍后要用大拇指始终按住瓶塞

从取下铁箍的那一刻起，为了保险起见，应保证用一只手的大拇指始终按住瓶塞。因为真的很有可能还没等服务员拧下铁箍，瓶塞就自己弹出了。有些香槟酒瓶塞是用塑料代替的，根本就无法起到顶住瓶内气压的作用。有一次笔者亲自开一瓶香槟，刚把锡纸撕开，瓶塞就冲断铁制箍套自己弹上了天，要不是瓶子立在桌子上，恐怕要伤及无辜了。

3. 开启酒瓶前切记不要晃动瓶身

有些人喜欢在开启香槟酒之前用力晃动瓶子，好让瓶内的酒喷洒出来，以烘托喜悦的气氛。在这里，且不说这样做是否对得起那些酿酒大师们的辛劳，单就安全角度来说也是不可取的。因为当晃动酒瓶时，酒内的二氧化碳大量从酒液中分离，活动异常，使瓶子压力迅速增加，如果瓶壁厚度没有达到安全要求，就会发生安全事故。总之一句话，香槟的开启方式是最为特殊、最为漂亮、同时也是最为危险的，开启时切记：小心！小心！再小心！

考考你

1. 一杯香槟酒应分_____次斟好。
2. 每杯香槟酒都不应倒得太满，倒至酒杯的_____处即可。
3. 香槟酒可以零杯售卖吗？为什么？

4. 开启香槟酒时,取下铁箍后为什么要用大拇指始终按住瓶塞?

5. 开启香槟酒前为什么不要晃动瓶身?

6. 模拟练习用最传统的方式开启香槟酒。

模块 6

啤酒服务

训练提示

啤酒是酒吧中最受欢迎的酒,它清凉、爽口、酒精度低,具有很好的杀口感,再加上独有的啤酒花的苦香,能被大多数人接受。学会啤酒服务是基本功中的基本。

训练1:练习瓶装啤酒服务

1. 饮用啤酒前要先冰镇

啤酒的最佳饮用温度是8~10℃,在这个温度下,酒液中含有的二氧化碳最为活跃,杀口感最好。如温度过低,则酒会变得淡而无味,泡沫不丰富;如温度过高,则会使酒变得很苦。

2. 开启啤酒前不应剧烈晃动瓶身

晃动瓶身会使瓶内二氧化碳活动异常,增加压力,开启时,二氧化碳气体会连同酒液一起喷出,造成不必要的麻烦和浪费。

3. 斟倒啤酒要得法

为客人斟倒啤酒时,应将酒液沿杯子内侧前沿缓缓倒入杯中。倒酒期间瓶口不能与杯子接触以示卫生,更不能发出声响。

有些酒吧,尤其是歌厅、夜总会里的服务员喜欢将瓶口贴住杯子一边,让杯子稍加倾斜然后向杯中倒酒,保持杯子不倒,以展示其"高超"的技术。这样做是根本没有必要的,一来不太卫生,二来有一定的危险性,第三会让客人心里很别扭,甚至会觉得有点卖弄之嫌,华而不实。

训练2:练习鲜啤酒服务

鲜啤酒(生啤酒),老百姓更喜欢称它为扎啤。

1. 及时服务

鲜啤酒是从吧台内的扎啤机中直接打出来的,为了保证酒液新鲜和泡沫丰富,应将打出的扎啤马上服务给客人。

2. 控制好每杯扎啤的泡沫高度

调酒员应控制好每杯扎啤的泡沫高度。泡沫过少,客人会认为扎啤不新鲜可能快到保质期了,或是扎啤本身质量太差;泡沫过多,客人会觉得酒吧为了节省成本,用泡沫滥竽充数。

标准的泡沫高度应在2~3厘米左右为宜,如能在打酒的过程中让杯中的啤酒泡沫涌出杯口3~4毫米,同时保证不溢、不洒,就如同一个刚出炉、圆鼓鼓的白面包,那就再好不过了!

3. 按杯服务,及时换杯

无论是瓶装啤酒还是扎啤,当客人喝完再点一瓶新酒的时候,要将原来的杯子撤下,换上一个新杯子,以确保每杯啤酒的口味都相同,不会留有上一杯的余味。

考考你

1. 啤酒的最佳饮用温度是_____℃,在这个温度下,酒液中含有的二氧化碳最为活跃,杀口感最好。如温度过低,则酒会变得_____;如温度过高,则酒会变得_____。

2. 斟倒啤酒时,应将瓶口贴住杯子一边,让杯子稍加倾斜然后向杯中倒酒,保持杯子不倒,以展示服务员高超的技术。这种斟倒方法规范吗?为什么?

3. 鲜啤酒标准的泡沫高度应是_____厘米左右。

4. 无论是瓶装啤酒还是扎啤,为什么当客人喝完再点一瓶新酒的时候,要将原来的杯子撤下,换上一个新杯子?

模块 7

其他酒类服务

😊 训练提示

酒的产地、性质不同,饮用方法和服务方式就有所不同。看似简单的服务,做好了,需要不间断的知识积累。勤学苦练,方能成为一名优秀的酒吧服务员。

训练 1：练习特基拉(tequila)服务

特基拉是一种产自墨西哥的烈性酒,当地人独特的饮用方式把他们粗犷豪迈的性格展现得淋漓尽致,令喜欢新奇、刺激的年轻人羡慕不已,纷纷效仿。如今,在酒吧中喝上几杯特基拉已成为一种时尚。

1. 特基拉酒的第一种喝法

客人一般都会净饮特基拉酒。

客人下单点特基拉酒后,服务员应将一份特基拉酒倒入短饮杯中,并配上一碟盐和一碟柠檬角,服务于客人面前。

客人会先扬起头,用右手用力挤柠檬角,让新鲜的柠檬汁滴入口中,再用柠檬角在左手的虎口处涂擦,并在上面撒上一些细盐,再将大拇指与食指分开,用嘴唇使劲将虎口处的细盐咬下,然后赶快举起特基拉一饮而尽。

咸、鲜、酸、烈、辣如同一团燃烧的火球的特基拉酒,冲破喉咙直入肚中,闭上嘴和眼睛静静等上两三秒,任由这团火焰在胸中燃烧,张开嘴"啊"的一声,感觉口中像喷出了火焰。整个过程刺激、痛快,使人酣畅淋漓。这是最常见的一种喝法。

2. 特基拉酒的第二种喝法

特基拉酒还有一种喝法也较为常见,就是特基拉炸弹(Tequila pop)。

由调酒师将一份特基拉酒倒入较厚的古典杯中,加雪碧至1/3处,在杯底和杯口处各放上一个质地较厚的杯垫,放于客人面前。

客人要加冰饮用时,不要忘记在古典杯中加一片柠檬片,以提升香气。

客人开喝时,用右手将盖在杯口的杯垫按住,同时握紧杯子,将杯子举起用杯底用力砸在放在下面的杯垫上,此时,雪碧和特基拉已混在一起,涌起的泡沫充满了整个杯子,再用左手迅速将杯口的杯垫撤下,举起杯子将整杯酒一饮而下,也是爽快无比。

在酒吧中,客人们常会两个人一起进行比赛,每人面前摆上一排,看谁先将酒喝完,四周围满了观战的人群,为他们呐喊加油,好不热闹。

特基拉属于高度数烈酒。高度数烈酒开瓶后可以较长时间保存,酒质不会有太大变化,所以可以分杯销售。

特基拉以其独特的饮用方法和刺激的味道,迅速风靡全世界,占领了绝大多数年轻人的市场。

训练2:练习朗姆酒(rum)服务

朗姆酒多半是净饮或是加冰饮用,但和特基拉相比就显得简单多了。

(1)客人点一杯朗姆酒后,调酒师要根据客人点酒量的多少将酒倒入古典杯中,通常有一份(Single)、双份(Double)、三份

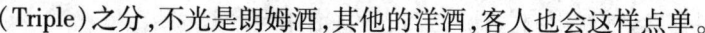

(Triple)之分,不光是朗姆酒,其他的洋酒,客人也会这样点单。

(2)将酒倒入后,根据杯子的大小加三五块冰。如果是白朗姆酒,还要在杯中放一片柠檬片,深色朗姆酒则不用。

(3)服务时配餐巾纸和杯垫。

(4)由于酒精度数较高,故只要密封较好便可以长时间保存。

有一些鸡尾酒是用朗姆酒做基酒调制而成的,比如著名的得其利(Daiquiri)和椰林飘香(Pina Colada)。

训练3:练习伏特加(vodka)服务

伏特加和朗姆酒的服务方法和饮用方式大致相同,只是伏特加在储藏时必须冰镇,这与它的产地和特点有关。

绝大多数伏特加产自独联体,那里气候寒冷,为了适应当地的气候特征,方便当地居民饮用,同时也为了符合酿造者的初衷,所以要冰镇;另外,由于伏特加无色、无味、无嗅,给人以一种绝对纯净之感,冰镇可以将它的这种纯净之感烘托得淋漓尽致。

在私营酒吧中,我们常见到客人会用一晚上的时间喝掉一整瓶伏特加,尤其是外国客人。他们喜欢不以任何小吃来下酒,只是一杯接一杯不停地喝。这是由于伏特加酒不像别的烈酒那样有着刺鼻的气味,酒液流过喉咙时也不会有火烧般的感觉,更不会在短时间内感觉到头晕目眩,所以人们常会大口大口不间断地喝,而在不知不觉中酩酊大醉。

训练4:练习白兰地(brandy)服务

虽同属于高酒精度蒸馏酒,但与其他烈酒相比,白兰地的服务和饮用方式则要显得绅士得多,它就像酒中的贵族,凌驾于所有酒类之上。

在法国宫廷时代,贵族男士们总是要身着正装,仪表堂堂地站在明亮宽敞的大厅中,一边与旁人交谈,一边转动着杯中的酒不断地闻香,这种饮用白兰地的方式一直沿用至今。

在这里,首先要告诉大家的是,客人对白兰地的钟爱不仅仅是喝其味,更重要的是闻其香。为此,聪明的法国人发明了一种杯肚大杯口小的白兰地杯来配合饮用白兰地。

服务时,将一份白兰地倒入白兰地杯中,并配一杯冰水(当然这是免费的)。

客人会用手托住白兰地杯,通过体温使白兰地温度增高,有助于香气挥发。然后逆时针方向转动白兰地杯,加速香气的扩散。最后将白兰地杯举至面前,再将鼻子探到杯口处,让鼻子充分享受受热后白兰地散发出的那种独有的香气。

也有一些客人喜欢把白兰地当成啤酒大口大口饮用,或是效仿别的洋酒在酒中加冰。在酒中加冰会破坏白兰地特有的香气,失去原有的味道,这种做法虽然不值得提倡,但是,我们的服务宗旨是让客人满意,只要客人愿意,我们都应尽量满足。

训练5:练习威士忌(whisky)服务

无论在哪种酒吧中,品牌最多的一定是威士忌。因为相对其他酒类来说,它的产地较多、分布较广,可以满足不同口味客人的喜好。一般的酒吧会准备二三十瓶产地、价格不同的威士忌,更好一点的酒吧会有五六十瓶,顶级的酒吧则会准备上百瓶威士忌以满足客人需要。

相对于白兰地,威士忌给人留下最深印象的是美国西部牛仔。他们那放荡不羁的形象,游历四方的生活方式,令生活在大城市中的年轻人无比向往,他们苦于不能亲自体验,就只好通过品尝威士忌来感受牛仔们那种充满野性的生活。

1. 星级饭店威士忌的服务方式

在星级饭店,客人点了威士忌后,调酒员首先应在古典杯中加三块冰,再倒入威士忌,加一个杯垫为客人服务。

第四单元 酒水服务

与白兰地不同的是,威士忌只有在加冰后才能散发出它特有的香味,其中包括焦炭、烟熏、麦香和泥土的芳香,这也是其他酒类所不能比拟的。

2. 社会酒吧威士忌的服务方式

在社会酒吧里,Whisky on the rock!(威士忌加冰)似乎已经成为酒吧中使用频率最高的话了。

客人点了威士忌后,调酒师可根据杯子的大小多放一些冰,一般到杯子的1/2处,调酒师甚至可以铲满满一冰铲的冰,高高地抛在空中,再用杯子接住一些,坐在吧台的客人听着冰块落入杯中相互撞击的声音,也能感觉到一丝狂野,自然会调动起情绪多饮几杯。

威士忌的产地很多,其中以苏格兰产的最具代表性。当地人选用了一种特有的泥煤进行烧烤,烘焙麦子,使苏格兰威士忌具有独特的泥土芳香和烟熏味道。

俗话说,烟酒不分家,喝酒的人多半会抽烟,苏格兰威士忌大受客人的欢迎也就是情理中的事了。因此,在酒吧中,"Scotch"就成了威士忌的代名词,当客人向服务员高喊:"Give me a scotch!"的时候,千万不要以为他想要整个苏格兰,他只是想要一杯苏格兰威士忌。

训练6:练习鸡尾酒(cocktail)服务

每杯鸡尾酒都是艺术品!调制一杯好的鸡尾酒不仅要凭技术,更重要的是凭灵性、凭心境、凭感悟、凭气氛……当这所有的一切都达到要求时,才能做出一杯好的鸡尾酒,一件超凡的艺术品来。

服务鸡尾酒并不太难,但要注意,大多数鸡尾酒是冷的,服务必须迅速。

作为服务员,大家不妨也要学习调制一些简单、常用的鸡尾酒,一方面便于向客人推荐;另一方面,谁不想有一技之长呢!许多调酒师都是从服务员干起的,这也是提高、发展自己事业的一个极好的途径。

训练7:练习开胃酒(aperitif)服务

开胃酒,也叫餐前酒。顾名思义,它适合在餐前饮用。

在其制作过程中,将多种对人体有益的植物与发酵过的原酒进行浸泡,这就使它拥有了其他酒不能比拟的功效,如生津开胃、缓解疲劳、促进食欲等,它甚至对治疗某些慢性病还有一定的好处,因此大受国外客人的青睐。国内客人则因对此类酒不甚了解,所以不太受国内客人的关注。

开胃酒在开瓶后可以长时间保存,但由于它酒液较为黏稠,通常每倒完一次酒,都会有酒液残留在瓶口,如果不及时擦拭干净,时间一长,就会粘住瓶盖,一来不便于工作,二来也显得不太卫生。

客人喝开胃酒一般是净饮或加冰,也可以与一些软饮料兑在一起制成鸡尾酒饮用,如大名鼎鼎的飘仙一号(Pimm's No.1)就是用金巴利加雪碧制成的,口感清爽,酒度不高,颇受女士青睐。

训练8:练习金酒(gin)服务

一提到金酒,大家自然会联想到一款饮料——金汤力(Gin & Toinc),再没有一款长饮像金酒和汤力水这样的绝佳组合了,它们似乎天生就注定是一对。金酒若没有了汤力水,便不能充分挥发它特有的香气;汤力水若失去了金酒,就不能将自带的苦味很好地中和。如果在酒吧中加冰或净饮金酒,周围人会投来异样的眼光,你将被视为是第一次喝金酒的门外汉。

为客人制作金汤力时,调酒师应先在柯林杯(Collin glass)中加入金酒、三块冰、一片柠檬片和一支搅棒,再配上一听汤力水即可。

在星级饭店的酒吧中,常将汤力水倒入兑酒杯(Decanter)中为客人服务。饮料上桌后,服务员应拿起汤力水注入柯林杯中。其间,客人若示意停止,则要马上停止并将汤力水放在柯林杯右侧,再用搅棒为客人将饮料搅拌均匀,然后祝客人慢用,退后两步转身离开完成服务。

其实不光是金酒加汤力水是这样服务的,只要是用一种烈酒加软饮料或果汁制成的混合饮料都应这样服务,这一点请各位学员务必牢记。

训练9:练习中国白酒服务

中国白酒已经有几千年的发展历史。古时,人们多喜欢饮用低度白酒,在寒冬腊月里,更是习惯烫一壶酒来驱寒。现在,人们多半不会在一家很现代的酒吧喝中国白酒,但中国白酒在中餐上不可撼动的地位,是任何洋酒都无法与之相比的。

(1)点单时,要问清楚客人点要的酒的度数。在中餐厅,客人点中国白酒时,服务员一定要问清楚酒的度数。与洋酒一个牌子只有一种固定的度数不同,中国白酒通常一个牌子生产高、低两种度数的酒。

(2)开瓶前需征得客人同意。为客人服务白酒时,和服务葡萄酒一样,开瓶前需征得客人同意,待客人确认酒的牌子和度数后,方可为客人斟酒。

(3)中国白酒不需要客人试酒,只需按斟酒顺序为客人斟酒就可以了。

(4)为客人斟倒和添加有防伪包装的高档中国白酒时,一定要征得客人同意后才能斟倒。

有些高档的中国白酒采用的是防伪包装,酒液只能向外倒不能往回灌,目的是防止制假者往瓶中灌假酒,影响厂家的声誉。这样做却给消费者带来了不便:一次没有喝完的酒不能再倒回瓶中,这就要求服务员在为客人倒酒和添酒的时候，一定要征求客人的意见，得到客人允许后才能斟倒，否则客人借着醉意埋怨服务员成心浪费他的酒，到那时，你可就有口难辩了。

（5）带防伪包装的酒倒不出来该怎么办？有时，新开了一瓶带防伪包装的酒，倒了半天怎么也倒不出来，这主要是因为防伪包装两层隔断之间空隙不太大，一时间没有打通，只要将瓶盖盖上，上下用力摇一摇，酒液便可以顺畅地流出来了。

防伪包装的工作原理：在瓶口处有一个双层塑料隔断，隔断的中间有一个玻璃制成的圆珠。倒酒时，酒瓶瓶口向下，玻璃珠倒向瓶口一层的塑料隔断，在靠向瓶口的隔断四周分布着许多小孔，酒液自然可以从瓶中流出。当酒瓶直立时，玻璃珠倒向下面的隔断，并堵住了唯一的出酒孔，这样，酒液便很难再向回倒了。

最近一段时间，在南方兴起了一种中国白酒的新喝法：就是将中国白酒冰镇以后加上柠檬片饮用，或者是加冰。听起来是不是别有一番情趣？笔者也曾试过，味道还可以，有机会大家也不妨在家中一试，如果觉得不错，也可以在自己工作的酒吧中加上这款酒，或是在下次去酒吧时向调酒师点上一杯，您将成为酒吧里最时尚的饮者。

训练10：练习黄酒服务

黄酒在中国南方较为普及。由于南方气候常年潮湿，阴雨连绵，饮用酒性温补的黄酒后体内会慢热，并可持续很长时间，所以住在那里的人喜欢将黄酒加热后饮用，用于驱除体内寒气。

和中国白酒一样，黄酒多半在中餐厅饮用。秋、冬季是饮用黄酒的最佳时节，尤其在秋季，正是河蟹上市的时候，人们一边吃着肥美的大闸蟹，一边喝着温热的黄酒，好不惬意！

（1）客人点黄酒后，服务员应告知客人黄酒需加热，请客人稍等，并向客人询问要加热的程度，听清楚后马上去吧台告知调酒员。

（2）如果客人需要特别加热，则须将黄酒拿去厨房，让厨师将黄酒倒入锅中，用炉火加热直至完全煮沸；如果客人要求温热，只要将黄酒倒入瓷制的酒壶中，放在盛有开水的冰桶里，将冰桶放在客人桌旁，慢慢温热即可。

（3）服务时，还要在客人杯中放入一粒话梅，会让黄酒醇的香味增添一份果香。如果没有话梅，用杏干、梅子也可。

（4）在倒酒前，应先将酒壶外面擦拭干净，保证无水迹，这样在为客人倒酒的时候就不会有水滴滴在桌上或客人身上了。

（5）瓷制用具是热的不良导体，散热较慢，服务时要特别小心。

笔者本人一直崇尚饮用中国酒，这不仅是出于爱国情结，也是因为饮中国酒的同时，还能感受到那源远流长的中国历史文化。三国时期曹操、刘备"青梅煮酒论英雄"的故事，不正是中国历史文化与中国酒文化的经典演绎吗？

训练11：练习餐后甜酒(dessert wine)服务

餐后甜酒是酒吧中品种数量仅次于威士忌的酒类，通常可以达到三四十种，多则上百种。

餐后甜酒含糖量高，酒精度数低，多用各种水果制成，口味多种多样，大受女士们的青睐。

它可用来调制鸡尾酒，也可单点一杯，若加冰、加水，口味更佳。

判断题

1．高度数烈酒开瓶后可以保存较长时间，酒质不会有太大变化，所以可以分杯销售。

2. 大多数伏特加产自气候寒冷的独联体,为适应其气候特点,饮用伏特加需要加冰块。

3. 客人饮用洋酒一般都是按份点单。

4. 高酒精度蒸馏酒如白兰地、威士忌,在饮用时不能加冰,否则会破坏其特有的香气,失去原有的味道。

5. 开胃酒酒液较为黏稠,通常每倒完一次酒,都要及时擦净瓶口残留的酒液。

6. 饮用金酒必须跟配汤力水。

思考题

1. 特基拉酒有几种喝法?其独特之处是什么?
2. 白兰地杯为何肚大杯口小?
3. 饮用白兰地,为什么要逆时针方向转动白兰地杯?
4. "Give me a scotch!"是什么意思?
5. 服务有防伪包装的高档中国白酒时,应注意哪些事项?
6. 举例说说需冰镇饮用的酒都有哪些?需加热饮用的酒都有哪些?

模块 9

食品服务

😊 训练提示

作为配套服务,酒吧经常会为客人提供一些小吃及零食。它们有的是由厨房提供的,如汉堡包、炸薯条、三明治、水果盘、曲奇饼;有的是由酒吧提供的,如冰激凌、花生、瓜子、果脯。这些食品的制作和服务一般都很简单,稍加留意就可掌握。

训练1:练习冰激凌服务

酒吧中多用成品桶装冰激凌,以香草、草莓、巧克力三种口味居多。

(1)客人选择口味后,服务员用冰激凌勺将冰激凌挖成完整的球形,放入冰激凌杯中,在冰激凌上面挤上少许与冰激凌口味相对应的糖浆即完成制作。

(2)服务时,将冰激凌杯放在垫碟上,垫碟上配一把不锈钢咖啡勺即可。

(3)挖成球形的冰激凌有独特的玫瑰状花纹,令人馋涎欲滴,如果放置时间较长,则会因慢慢融化而变得模糊不清,失去特有的美感,故冰激凌应现点现做,做好后不要久放,立即服务。

训练2：练习水果盘服务

在私营酒吧和一般饭店的酒吧，多是按每位一份的方式销售水果盘的，也就是论份卖。高档消费场所中的酒吧多是按果盘的大、中、小来销售的。

论份卖的果盘不必过分花哨，只要将三四种水果去皮切好放入盘中即可；按大、中、小盘销售水果盘的，则对水果的制作方法、整体造型、水果种类、颜色搭配等都要有较高要求，一般要进行专业学习方可独立完成。

西方人点要水果盘时更喜欢跟配酸奶，这在高星级饭店中较为常见，私营酒吧可不予理会。

水果盘制成后，需跟配餐巾纸、水果叉或水果签。服务时，要将水果叉或水果签单独放在小碟中，不能放在水果盘中或是干脆插在水果上，这样会影响水果盘的整体造型。

训练3：练习炸薯条服务

制作炸薯条一般在厨房完成。由于时间一长，炸薯条的口感、色泽都会发生很大改变，所以服务员要做的就是在第一时间将炸好的薯条配上番茄酱、餐巾纸服务给客人就可以了。

考考你

1. 在私营酒吧，水果盘多是按_____卖的；在高档消费场所中的酒吧，水果盘多是按_____卖的。
2. 服务水果盘时，为方便客人取用，应将水果签插在水果上。这种做法对吗？
3. 服务冰激凌需注意什么？
4. 服务炸薯条需注意什么？

第四单元 酒水服务

模块 9

特饮服务

训练提示

特饮有冬夏之分。夏季特饮有很多种,如奶昔、刨冰、水果冰沙等,这些饮品大都口感清凉,果味清新,入嘴即化,可以在很短时间内满足客人解暑降温的要求。与夏季特饮不同,冬季特饮要突出一个热字,如热巧克力、热咖啡等。

服务特饮很简单,稍加练习就可掌握。

训练1:练习夏季奶昔服务

奶昔可以制作成各种口味的,如香蕉奶昔、草莓奶昔、香橙奶昔等。

(1)制作时,要根据奶昔口味将准备好的下列原料放入搅拌机中:鲜果肉碎若干、两个纯味冰激凌球或香草冰激凌球、200毫升鲜奶、10毫升自制糖水或相应口味的糖浆。

(2)充分搅拌5~8秒,倒入特饮杯或柯林杯中。

(3)根据奶昔的口味,在杯口处挂一鲜果,服务时配一根吸管。

(4)有的高星级饭店的酒吧中还免费配一碟鲜果,供客人享用,以便更好地挥发出鲜果奶昔的香气。

此款无酒精饮料多受女性和小朋友的欢迎。

训练2：练习夏季刨冰服务

刨冰的制作方法也十分简单：先将冰块用碎冰机制成碎冰,再将碎冰放入玻璃小碗中。根据客人所点刨冰的口味加100毫升果汁,再撒些与之相配的鲜果肉碎,配咖啡勺服务即可。

在高星级饭店中,为了捆绑销售增加收入,多会将与刨冰口味相同的果汁一并销售,价格会在零杯果汁的基础上略有浮动,或是干脆将刨冰免费送给客人。

训练3：练习夏季水果冰治服务

水果冰治有含酒精和无酒精两种,夏季多以无酒精的为主。

水果冰治主要是在较大的容器中倒入两种以上的果汁,并放入多种、大量的新鲜水果,最后加入相当足量的冰制作而成的,以保证长时间冰镇。

至于倒些什么果汁、放些什么水果,则全由酒吧管理者来定了,这也正是水果冰治的卖点。

服务时用不锈钢勺将水果冰治盛在碟形香槟杯中。切记杯中一定要有少量的鲜果进行点缀。

训练4：练习冬季特饮服务

冬季特饮有一个共同的特点——热。务必让客人在短时间内驱除寒意。和夏季特饮不同,冬季特饮种类没有那么繁多,客人多会选择咖啡和茶,当然也会有热巧克力、热牛奶、热椰汁等。

考考你

1. 夏季特饮与冬季特饮的最大区别是什么?

2. 练习制作一杯草莓口味的奶昔。

单元重点回顾

- 各种不同酒水、食品的服务方法
- 各种不同酒水、食品的制作方法
- 各种不同酒水、食品的服务注意事项

练习指导

下面的练习将有利于你对本讲知识的掌握,现在就开始吧!

1. 练习制作糖水。
2. 练习冰水及软饮料服务。
3. 练习咖啡服务。
4. 练习红茶及柠檬茶服务。
5. 练习中国茶服务。
6. 练习红、白葡萄酒服务。
7. 练习香槟酒服务。
8. 练习啤酒服务。
9. 练习特基拉服务。
10. 练习朗姆酒服务。
11. 练习伏特加服务。
12. 练习白兰地服务。

13. 练习威士忌服务。
14. 练习金酒服务。
15. 练习开启和斟倒有防伪包装的高档中国白酒。
16. 练习温热黄酒。
17. 练习食品服务。
18. 练习特饮服务。

请你分析

不按程序办,行吗?

在某迪斯科舞厅酒吧,曾发生过这样一件事:有位客人在吧台向调酒员点要了一份"金汤力",该饮料是用一份(1盎司)金酒加适量汤力水制成的。

调酒员接受点单后就立即当着客人的面随手倒了一份金酒,然后兑上汤力水递给客人,客人不接受,认为金酒不足量,要求退货。后来,调酒员只好重新用量杯给他换了一份。

请你分析_____
_____
_____

 **专家点评**

从严格管理的角度来说,酒吧内的酒水每1毫升都是金钱,多给客人1毫升,饭店就会损失1毫升的酒水收入;同样,少给客人1毫升,是对客人的不尊重,甚至会导致客人投诉。

作为调酒员,必须严格按操作要求和服务标准进行操作,决不能随意为之。

心得与体会

自我评估

练习之后感觉怎么样？给自己打个分吧！请画"√"

项目＼成绩	优	良	可	劣
制作特饮的熟练程度				
服务效果				
服务程序有无遗漏				
面部表情				
礼貌用语				

第五单元

酒吧推销技巧

你将学会

☆ 消除推销误区
☆ 区分不同类型客人
☆ 进行有形推销和无形推销

模块1

推销常识

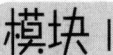 训练提示

　　一名好的服务员同时也会是一名好的推销员。酒吧是一个较为自由的沟通空间,推销酒水相对来说比较容易。了解一些推销的基本常识,掌握一些推销的技巧,然后在实际工作中不断使用和总结好的经验,相信你一定会有所作为。

　　由于笔者笔力有限,且不愿意向大家进行枯燥的理论说教,在此无法将推销的方方面面说全、说透,只想把自己的实际工作经验拿来与大家分享。

训练1:认识推销误区

　　工作中常有服务员埋怨:为什么要推销?推销有什么用?其实道理很简单,向客人介绍酒水和服务,这是我们的工作内容,如果不介绍,客人便不会清楚酒吧的特色,也不能根据自己的爱好准确消费。适当推销也是对客人负责。

　　在实际工作中,有的服务员为客人点单时一言不发,客人点什么就记下什么,多一句话也不说,这就是没有进行推销;有的服务员则喜欢喋喋不休地向客人介绍产品,根本不给客人思考的时间,

令人十分反感,这也不能算是成功的推销。

我们要做的只是引导客人消费,告诉客人哪些是我们的特色,哪些是我们比较拿手的,至于选择与否还要由客人做主。

试着练习推销对自身各方面能力的提高都是锻炼。在推销的过程中,服务员可以锻炼自己的口才、提高反应的敏捷性、增加对不同性格客人的分析能力等等。

其实推销就是一个交流的过程,通过推销,我们能了解客人的喜好;通过推销,客人能了解我们的酒吧。

好的、成功的推销是多么重要,要做得很好绝非易事!

训练2:知道推销的重要性

1. 推销有利于个人发展

一名普通服务员要想得到更大的发展空间,尽快走上管理岗位,最终成就自己的事业,要靠整个企业的发展。而衡量企业发展快慢的重要指标是销售额。提高销售额有很多种方法,其中,推销就是最为行之有效的方法。推销是展现个人能力的最佳平台,推销做得好,自然会赢得领导的好评,时间久了,自然有利于个人的可持续发展。

2. 推销有利于企业发展

不断推销现有的酒水,定期做新饮品的促销,会不断带给客人新鲜感,让客人每间隔一段时间就想来坐坐,这就是常说的:饭店饭店,一天三变。举办促销活动可以让客人享受一定的优惠,品尝到别处没有的饮品;而酒吧也可以在同行竞争中逐渐打出知名度,拥有大量的回头客,吸引更多的新客人光临,保证销售额稳步上升。

总之,"闭嘴的小伙没人要,害羞的姑娘嫁不出。"做任何事都不要羞于启齿,不然,再好的东西也卖不掉,再好的事情也办不成。

训练3：练习揣摩客人消费心理

1. 了解客人类型

要想掌握客人消费心理,首先应该了解客人类型。

(1)普通型。此类客人是我们经常接待的对象。他们懂得礼节礼貌,有人情味,容易接受服务员建议,可按一般的推销方法予以接待,也是推销对象中最简单的一类。

(2)自大型。此类客人以男性居多,事事皆以自己为主。服务员要尽最大可能去满足他们的合理要求,不要过多推销而让他们自己选择,否则,会令其产生强烈反感,甚至影响到正常营业。

(3)寡言型。此类客人以中年男性学者居多,平时言语不多,但很有主见。服务时要多征询他们的意见,尽量不进行推销,留充足的时间供他们选择,以示尊重。

(4)急性型。此类客人讲究效率,做事雷厉风行,一般以青年为主。向此类客人推销时,言语过多或拖延服务时间,都会引起他们的不满或投诉。

(5)社交型。此类客人以男性商务客人居多。由于与人交往多,所见所闻也多,喜欢与人攀谈。在推销过程中应尽力将饮品介绍得细致些,他们将乐意为酒吧做宣传。

(6)固执型。此类客人以中老年人居多,固执己见,即使是错的仍坚持不改。服务员要尽量避免与他们发生争论,最大限度满足他们的要求,尽量不予以过多的推荐。

(7)温柔型。此类客人以东方女性较多。她们个性温和文雅,容易相处且容易接受别人建议,为她们推荐饮品时,应介绍最符合她们的饮品,使之对服务员产生信任感。

(8)啰唆型。以中年人居多。他们说话重复,生怕服务员忘记。为了不影响工作效率,服务员要注意避免与这类客人长谈,推荐一两款饮品即可。

(9)健忘型。以年长者居多。他们大多记忆力差需要时常提醒。为这类客人推荐饮品时,应反复重复所推销饮品的优点,方便其记忆并接受。

(10)浪费型。此类客人喜欢结交朋友,比排场讲阔绰,对各方面要求高。服务员应多向他们推销高档饮品,以满足他们的需要。

2. 区分理性消费和冲动消费

消费分理性消费和冲动消费两种,前者在消费前已经深思熟虑定好了目标,唯一性较大;后者没有具体目标,仅凭一时性起便进行消费,随意性较大。

来酒吧的客人多半是为了放松,没有其他具体目的,多属于冲动消费,在选择饮品时无特殊要求,只要饮品类型、口味能够接受即可,这样就极大方便了我们进行推销。

3. 掌握推销技巧

在工作中,许多员工很卖力地去推销酒水,但往往收效甚微;相反,有些员工不费力气就可以很好地完成推销,原因是什么?这与揣摩客人心理有很大关系。

要想准确把握客人心理,必须留心观察客人的一言一行,看似简单的事情,在接触了大量的客人后才能总结得出来。

(1)适时向客人推荐一些品质较好、档次较高的酒水

比如,客人点单时不能很快决定要选用的饮品,服务员应先介绍一款酒吧特色饮品或正在作促销的酒水,等待客人的应答,并观察客人的神态、举动,从中进一步了解信息,争取接下来推销的饮料能够让客人满意。

有时候,客人的神态和举动不太容易让我们领会其意图。比如,客人只撇了一下嘴,这时,服务员不妨直接询问客人喜欢喝酒还是喝饮料,待有一定范围后再进行有针对性的推销。

(2)适时建议客人在现有的基础上再多点些饮品

再比如,客人们在一起谈天说地非常尽兴,酒水饮用得非常快,这时,服务员就可以较为频繁地为客人添酒,酒水所剩不多时,可询问客人是否添加,客人们一般都会乘兴再多喝上一杯。

上面说的这两个推销例子与一般性销售有两点不同之处:一是建议客人选一些品质较好、档次较高的酒水,二是建议客人在现有的基础上再来一些。

(3)不要过多打扰情绪不稳定的客人

还有一点一定要特别注意,那就是当客人特别高兴或特别低沉的时候,千万不要过多打扰。因为在这两种情况下,人都是处于轻微思维混乱状态,行为容易不受控制,易产生过激行为。高兴还好说,要是情绪低沉,就很有可能引发事端。

(4)技巧固然重要,但基本素质也很重要

不管你的推销技巧如何高,最终的选择权还是在客人手中。所以,除了在日常工作中反复练习、使用和总结推销技巧外,拥有良好的语言表达能力、一定的亲和力及庄重的外表,对于一名服务员也相当重要。

判断题

1. 推销就是想方设法向客人推销贵的饮品。
2. 为了避免有推销的嫌疑,客人点单时最好一言不发。
3. 推销时,客人总是爱答不理的,一点用处都没有,还不如不推销呢。

思考题

1. 推销对个人发展有哪些好处?请举例说明。
2. 你还能记起到酒吧消费的客人都有哪些类型吗?在实际工作中,你遇到过哪类客人?你是如何判断客人类型的,又是怎样向其推销的?

练习题
1. 练习建议客人在现有的基础上再多点些饮品。
2. 练习适时向客人推荐一些品质较好、档次较高的酒水。

第五单元 酒吧推销技巧

模块 2

推销的手段

☺ 训练提示

推销决不只是简单的成品推销,它分为有形推销和无形推销两种,无形推销虽然不能直接见到利润,但它对于一个企业的长远发展极为有利。本模块将引导你利用各种方法向客人全面推销企业和酒吧产品。

训练1:练习产品推销

产品推销就是我们常说的酒水推销,这是最简单、也是提高销售额最立竿见影的方法,它多发生在客人向服务员点单的时候。

点单时,首先应向客人推荐正在做促销的饮品。

1. 推销库存时间较长且未变质的饮品

长时间占用库存会耗费大量人力、物力和财力,无形中增加了产品的均摊成本。

在推销前,一定要检查饮品质量,确认无误后方可向客人推销。客人决定点单即将销售饮品时,应再次确认饮品质量。

二次确认的过程一定不能在客人面前进行,否则会引起客人不安。如果确实发现饮品变质,应及时停止销售,并与供货商联系进行调换。调换不成的,企业宁可暂时吃点亏,也不能损害客人的利益,切不可为了图小利而忘了大义。

2.推销正在与经销商联合做促销的品种

酒吧一般要不定期选一些质量好、成本低、市场认知度不高的饮品做促销,一来给客人提供更多的选择空间,让客人有更多的机会认识、选择新品;二来通过与经销商签订促销协议,得到经销商许诺的免费培训、赠送纪念品、返利等实惠。

3.推销品质较高、价格适中的酒水

这类酒水价廉物美,品牌、口味、质量被大多数客人所认同,是所有推销品种中最容易让客人接受的。

在推销这类酒水时,货源应当充足,而且宁多勿少,切不可出现客人点单时没有的情况。

要按标准存放。不能因为需求量大,在服务上偷工减料,如啤酒不够凉、茶水没有完全沏开等。

4.推销符合时令的饮品

时令饮品如夏季的扎啤、刨冰、奶昔,冬季的烈酒、咖啡、红茶等。这类饮品售价不是很高,但销售量大、成本低,既满足了客人的需求,又可获得可观的利润。

其实,常去酒吧的客人多数愿意尝试新的饮料品种,虽然他们都有自己钟爱的品牌,但还是要问一下我们的建议,我们的推销往往会满足他们的心愿。

要记住,推销并不像人们想象的那样令人生厌,至少在酒吧里是这样。

训练2:练习通过硬件介绍进行推销

向客人介绍硬件,其效果虽然不像产品推销那样来得直接,但它却是在潜移默化中左右着人们对酒吧的评价。

在实际工作中,介绍硬件往往不被人重视,甚至根本就没有人想到过,这不得不说是我们推销工作的失误。

硬件涉及的内容很多,比如酒吧的店面设计、装潢风格、地理优势以及设备用具等,都值得向客人介绍。

向客人介绍酒吧硬件,当然不能像推销饮品那样在点单时进行,而应在与客人自由交谈(Free Talk)时进行。如果条件允许的话,最好选择那些独自一人来酒吧的客人作为重点介绍对象。

介绍时,说话的语气应充满自信,当然要实事求是,不能夸大其词。

我们还可以运用无形介绍来为酒吧做宣传。比如,将一个闪亮的调酒壶放在显眼处,吸引客人的注意力,加深第一印象。这样,不用我们做过多介绍,客人也会对酒吧的用具设施有所了解。如此高质量的用具,又怎会调制不出高质量的酒呢?不用任何介绍,客人就会对酒吧的经营和管理有足够的信心了。

训练3:练习用特色服务进行推销

其实,在众多可推销内容中,最值得介绍的就是酒吧的特色服务,它往往会给企业带来长期效益。

每个酒吧都有自己独特的风格和主题文化,是其他酒吧不易模仿的。向客人介绍这些特色服务,相信客人一定会洗耳恭听。

比如,花式调酒表演、服务员随身佩戴的个性装饰物、24小时全天营业和国外的佐酒小吃等等,这些都是可以介绍和展示的内容。介绍时,服务员应绘声绘色。

北京有家开业较早的西餐吧——星期五餐厅就较有特色。那里的服务员每人都佩戴着形式各样的徽章,几乎挂满了整件T恤衫,他们的特色在消费者中广为流传,以至于后来,到这家西餐吧的客人都会准备一枚徽章,用来当做小费或是与服务员进行交换。时至今日,T恤衫上挂徽章已成为这家酒吧的专利。

需要指出的是,所有的推销工作最好由普通员工完成,他们没有级别的约束,在客人面前具有较强的亲和力,由他们进行推销更显自然和真实,也容易被客人接受。

考考你

1. 推销分为有形推销和无形推销两种。产品推销属于_____推销,硬件介绍属于_____推销。
2. 产品推销的品种主要有哪些?推销时,需注意些什么?
3. 特色服务是指什么?试举一例说说你所在的酒吧都有哪些特色服务,它们在吸引客源方面都发挥了什么作用?

单元重点回顾

- 知道推销的意义
- 能够正确看待推销
- 掌握、了解推销心理
- 熟悉酒吧推销的手段

练习指导

下面的练习将有利于你对本讲知识的掌握,现在就开始吧!

1. 练习针对不同类型的客人使用恰当的推销技巧推销饮品。要求推销时不会让客人反感,客人乐于接受推销建议。
2. 推销时,客人爱答不理怎么办?

3. 如何引导客人点要一些品质较好、档次较高的酒水？

请你分析

如此推销？

一天上午九点左右，某饭店大堂酒吧来了两位国内客人。服务员小高主动上前迎宾、引位，并为客人呈上酒单。

客人拿着酒单看了又看，最后问小高："你们这儿都有什么饮料呀？"小高暗想，经理早例会上说了，本月完成指标困难，让我们尽可能推销新推出的鸡尾酒。于是回答道："您二位是否想尝尝本店的特色鸡尾酒？有 Banana Daiquiri, Casablanca, Blue Margarita, Toreador……"

没等小高说完，其中一位客人就打断她："哦，那算了，我们不点什么饮料了，坐一会儿就走。"小高无奈收回酒单，心想："没钱别上这儿来呀。"就对客人说："这儿是消费区，不消费，不可以坐在这儿。"客人感到很尴尬，起身愤然离去……

请你分析 _____
_____
_____
_____

 **专家点评**

小高显然是想推销酒水，提高营业额。但推销不成功。
【原因】
1. 上午九点左右，一般人是不会饮用酒精饮料的。
2. 客人刚就座，并不了解酒吧的特点，包括酒水品种、价格等等,加上酒单品种繁多,他们自然会觉得无从选择。这时,服务员要做的不是急于推销新品种,而是站在客人的角度给予适当的建议。

3.大部分国内客人英语水平欠佳,用英文报酒名只会让客人更加感到一头雾水。

【小高的错误】

第一,不懂得作为一名服务员应该了解顾客的心理,多为客人着想。

第二,推销要凭技巧,不能凭主观臆断。

第三,不管客人消费与否,只要来到酒吧就是客人,绝对不能以任何理由赶走客人。

【正确的做法】

1.服务员应该懂得顾客的消费心理。根据不同的客人、消费时间、消费地点和具体情况做出判断。

2.遇到国内客人要尽量说普通话(旧称国语)。一些专业外语词汇要翻译给客人,让客人明白。

3.推销要讲究技巧,关键是要将客人需要的、感兴趣的产品介绍给客人。

4.即使客人不消费,也不要赶走他们。用你的热情来善待他们。或许有一天,他们会给你带来更大的收益。

心得与体会

第五单元　酒吧推销技巧

 **自我评估**

练习之后感觉怎么样？给自己打个分吧！请画"√"

项　目 \ 成　绩	优	良	可	劣
推销的方式方法				
推销技巧的掌握				
推销的效果				
礼貌用语的使用情况				

第六单元

处理客人投诉

你将学会

☆ 正确看待客人投诉
☆ 正确处理客人投诉

模块 1
正确看待客人投诉

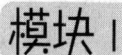
训练提示

遭到投诉毕竟不是一件光彩的事情。由于你的服务不到位或是客人情绪不稳定招致投诉,你该怎么办?本模块将引导你初步认识客人投诉问题,希望你在工作中能够运用所学知识不断强化认识。

训练1:如何正确看待客人投诉

在实际工作中,我们难免会有一些失误、过错或是遇到这样那样的突发事件,使客人对我们的服务或产品感到不满、失去信心,招致投诉,这是客人和服务员都不愿意见到的事情。面对这种情况的发生,很多人都会手忙脚乱、不知所措,一时间找不出解决问题的最佳办法,导致客人更为恼火,服务员百口难辩,最后闹得不可收拾,双方都不愉快。

很多人把处理投诉当成是一件很头痛的事,不愿意它发生,其实,投诉本身也有积极的一面:

通过投诉,员工可以了解自己哪些地方做得不够,有时间时,可以接受更多的培训和针对性的练习;通过投诉,管理者可以提高人际交往能力和沟通能力,不断提升自己的综合素质;通过投诉,可以在客人心中树立一个积极上进的企业形象,让客人成为酒吧的免费宣传者。

如果说,一个酒吧从来就没有投诉,那么,这个酒吧即将停滞不前。没有投诉并不能说明酒吧的服务多么完美,只能说,来消费的客人涵养高,对一般的错误不会说出来。既然是这样,我们何不将坏事变好事,从客人的投诉中汲取更多的经验教训,不断地提高服务水平呢?

被投诉该怎么办?有的管理者认为,处理投诉是一件很简单的事,无非就是赔礼道歉、打折送东西,实在不行就免单,反正受损失的是企业,和自己的利益也没有什么关系,何乐而不为呢?在工作中,这样的管理者大有人在。其实,这不是解决问题的好办法,这只能使客人一时消气,但事后还是会想起这些不愉快的经历并告诉给他的朋友,这也正是我们所不愿看到的。我们希望的是,经过我们细致、耐心的工作可以很好地解决投诉,能够使客人满意,让客人将我们好的服务告诉朋友,以便重新赢得客人对我们的信心。

投诉也不是经常发生的事情。据调查统计,出现问题后,只有30%的客人会选择投诉,其他大部分客人只想告知服务员问题出现了,希望得到重视并及时加以解决。只有在没能快速妥善解决问题或问题本身很严重时,客人才会选择投诉。由此可以得出一个结论:客人的投诉是完全可以避免的。

不选择投诉的客人会选择什么?不再光临这家酒吧,并将他的不愉快经历告诉给亲戚朋友。我们决不能让客人带着遗憾离去!要保证我们的努力能使客人满意。

客人投诉只有三个目的:寻求补偿、得以发泄、受到尊重。

只要在不使企业蒙受很大损失的前提下,最大限度地满足客人的这三个需求,投诉就可以顺利解决。

训练2：了解客人投诉心理

客人在什么样的需求未得到满足时会选择投诉呢？

1. 生理需求

客人十分口渴想喝瓶冰镇啤酒，用以满足解暑降温的生理需求，如果服务员送上的只是一瓶常温啤酒，自然无法满足客人的生理需求，导致投诉。

2. 安全需求

从客人走进酒吧消费的那一刻起，就应受到人身财产安全的保障，如果在酒吧内，由于酒吧的原因而导致客人人身财产安全受到威胁或损害，酒吧要负全责。

3. 归属需求

客人一般都会有将自己归为某一群体的趋向，当这一愿望无法满足时，就容易投诉。比如客人希望得到和别人一样全面的服务，由于某种原因无法满足时就很有可能选择投诉。

4. 尊重需求

尊重需求是最好理解的。客人在酒吧消费如果连最起码的尊重都享受不到，无论这种不尊重是行为上的还是意识上的，都会招致客人不满。

5. 求知需求

客人想了解关于酒吧的事情或其他事情，向员工寻求帮助时，员工不能及时、准确地说明和解答，不但会减少了和客人沟通的机会，还会伤害客人的求知心理。

6. 环境气氛需求

良好的环境可以使客人心情舒畅，如果酒吧环境简陋、乌烟瘴气……客人怎会满意？

7. 设备用具需求

试想一下，客人坐的椅子前后摇晃，用来盛装饮料的杯子已经破口,酒吧内连酒钻都没有,想喝瓶红酒都不行,这样的酒吧想不被投诉都难。

 **考考你**

1. 处理投诉是一件很简单的事,无非就是赔礼道歉、打折送东西,实在不行就免单。这种说法对吗?

2. 客人投诉无非就是想贪便宜,让酒吧打折送东西或免单,反正又不是个人掏腰包,多几个投诉的也没什么。这种说法对吗?

3. 客人投诉只有三个目的_____、_____和_____。

模块 2

正确处理客人投诉

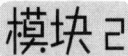训练提示

如何才能尽量避免客人投诉,如何快速有效地处理客人投诉?在本模块中,笔者将自己多年的工作经验总结出来与大家分享。学员们在学习过程中也可将自己的心得体会说出来,看一看哪种方法更行之有效。

训练1:学会记录客人投诉内容

当接到客人投诉后,或是注意到客人有不满情绪就要发作时,服务员应该及时告诉主管或经理,并努力给客人一个满意的答复。

作为一名管理者,应当马上与客人进行交流,但一定不要忘记拿出记事本记下整件事情的经过、客人的想法和意见。可不要小看了这个笔记本,拿出它会有三个好处:

第一,可以记录下整件事情的经过、客人的想法和意见。事发时,作为管理者你可能不在现场,对事情经过不很了解,认真记录,便于和服务员核对。因为每个客人遇到不愉快的事情时想法和意见都是不一样的,所以了解他们的内心活动和投诉的目的是非常重要的,因为每种类型的人都会有他们共同的弱点,只要能清楚的了解并分析出客人的类型,再参照前面所讲客人的类型及特点对

其采取不同的应对办法,处理投诉往往会变的事半功倍,迎刃而解。

第二,记录的过程就是让客人消气的过程。客人投诉时,情绪会很激动,说话的速度会很快。记录核实时,我们要一边记录一边重复、核对客人说的话,这样很容易让客人感到被尊重、被重视,自然而然会放慢语速,心情也就会平和许多。当我们详细记录下所有有用信息的时候,不知不觉中,客人的气已经消了一半,这时,我们再和客人沟通就容易得多了。但是,也不要试图将客人说的每一句话都记下来,这样做,不仅会耽误时间,反而会引起客人的急躁情绪,甚至使事态恶化。

第三,便于留档记录。作为一名管理者,上传下达是其职责。在例会上,根据记录的第一手资料,向上级领导做汇报,既能反映整个事件的真实性,又能体现对待工作的严谨性。将整个投诉过程记录在交接班本上,也可以让下一个班次的员工了解事情经过,从中吸取经验教训,避免此类事情的再次发生。

训练2:练习解决客人投诉

解决客人每一个投诉的过程都是一个学习(LEARN)的过程,在这个LEARN的过程中,我们都要做些什么呢?

1. L——Listen(听)

我们首先应该学会倾听客人的投诉,在听的过程中了解事情的经过,了解客人的性格和类型,客人想解决的问题及如何解决的提议等有用的信息。

在听的过程中,要始终保持很认真的态度,让客人一次性将话讲完,中间不要打断客人,否则,将不利于问题的解决。因为客人投诉时本来就很生气,心里着急必然导致说话速度加快,一次将想说的话全部说完心里会很舒服,我们再做工作就会容易得多了。

在听的过程中,还要保持标准站姿,上身微躬,用眼神与客人

第六单元　处理客人投诉

进行目光交流。这样做,会让人感到很诚恳,很受重视,会促成事情尽早得到解决。

2. E——Empathize(同情)

时刻站在客人的角度去想问题,就会很容易了解和解决问题。

听完客人的所有描述后,应给予客人适当的安慰,在言语中应流露出同情之感,让客人感到正是由于我们的过失才让客人心情不悦的。

要向客人说出感同身受的心里话:"如果自己碰到这样的问题,很可能比您还要生气……"让客人认为他的做法是对的,而且他反映问题的方式很有涵养。

我们要从心里感谢客人投诉,他们不但发现并指出了我们工作中存在的不足,帮助我们改善,而且还很有风度地向我们提出来。

要时刻牢记,只要事情不是发展到了不可收拾的地步,客人都会或多或少起到抑制事态进一步发展的作用,促进事情圆满解决。

3. A——Apologize(道歉)

向客人道歉是最简单也是最难做到的事情。简单的是,你只需说句对不起就可以化解矛盾;难的是,必须让客人感觉到诚意,并接受你的道歉。

需要注意的是,在没有倾听和不能发自肺腑地同情客人之前,不要仓促向客人道歉。试想一下,一个对事情还没有完全了解清楚,根本不能站在客人角度去面对事情的人,就急着向客人道歉,只会让客人认为你在敷衍他,甚至会认为你根本就不想道歉,这容易使事态恶化。

道歉时,我们一定要有诚意,要发自内心地说一声对不起,只有这样,客人才会用宽容的心包容我们的过失,原谅我们,接受我们的道歉,甚至感到歉意。

4. R——Repeat to resolve the problem(重复问题并加以解决)

大多数客人不会故意刁难人,多会实事求是。但是,当客人第一次描述事情经过的时候,情绪可能会很激动,难免会有些夸大其词,经过一番诚恳的交谈后,客人心里会有所平静,回头再说起这件事情的时候,肯定会发现自己有些地方描述得与实际情况不符。

客人在情绪激动时的不实之词会增加处理问题的难度。我们需要做的,就是将事情经过复述一遍给客人听,确认是否和客人描述的一样,同时也帮助客人在回想的过程中去掉那些夸大其词的成分。

重复完整件事后,我们要提出两到三个解决问题的办法供客人选择,至于这些办法能否既让客人满意又不让企业受太大的损失,这就要看管理者和员工的工作经验了。

有时,客人也会提出自己认为合适的解决方法,但这多半会让企业受到较大损失,管理者和酒吧员工应尝试和客人交换意见,找到一个双方都能接受的解决办法,而这不是一蹴而就的,需要大量的知识储备和足够的应变技巧、沟通技能。

5. N——Notify the guest what was done to solve their problem(告诉客人为解决问题我们都做了哪些事情)

在整个投诉过程中,及时准确地向客人反馈信息是很重要的。不要以为经过前面一番工作,把客人暂时稳定下来或是送走后,投诉就算是了结了。甚至将整件事情抛在脑后,给客人的承诺也不去兑现了,这是绝对错误的!

如果问题可以很快解决,我们要请客人稍候,解决后当面告知客人并获得客人认可;如果问题不能当场解决或无法在较短时间内解决,则要留下客人的联系方式,并承诺在问题解决后的第一时间内通知客人,并再次致歉。

经过我们的努力,一个实事求是、知错就改、服务都很到位的形象就很容易在客人心目中树立起来了。

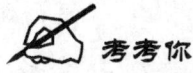

1. 处理客人投诉时,为什么要拿着记事本记下整件事情的经过?
2. 处理客人投诉时,有没有必要将事情经过复述一遍给客人听?
3. LEARN 有哪几层含义?

 **单元重点回顾**

- 正确看待投诉
- 掌握客人投诉心理
- 根据具体原因,找出相应解决方案

 **练习指导**

下面的练习将有利于你对本讲知识的掌握,现在就开始吧!

1. 回想一下客人的投诉需求都有哪些?在实际工作中,你遇到过哪类客人?你是如何判断客人因哪类事由投诉的,又是怎样处理这类投诉的?
2. 客人投诉真的是一件让人头痛的事吗?遇到客人投诉,我们该怎么办?

酒吧服务训练手册

请你分析

如此服务,怎能不招致投诉?

　　许先生从报刊上看到广告,说某饭店是一家新开张的五星级饭店,目前试运转期间特别推出大堂吧下午茶,每位58元。他想,体验一下五星级的氛围,很合算。于是,这个下午,他约了上司王总、同事小李一起来到了某饭店大堂吧。

　　大堂吧的布置豪华、高雅,葱郁的盆景、美妙的轻音乐和环绕的彩色喷泉使许先生觉得没来错地方。

　　服务员将他们三位带到了一个靠窗的位置,从窗口望出去,是一座别致的假山。王总说:"小许,带我们来这么高档的地方,你要破费了。""这没什么!大家别客气,自己点。"王总点了"碧螺春",小李点了"径山茶",许先生自己点了哥伦比亚咖啡。

　　大约5分钟后,服务员走过来对王总说:"对不起,先生,你们点的绿茶都没有,能否换成别的品种?"王总皱了皱眉:"那就换龙顶吧。""对不起,龙顶也没有。""那你们有什么?""有西湖龙井。""好吧,那就喝龙井吧,到哪儿都是龙井!"王总叹道。

　　"那么这位先生换什么呢?"服务员又问小李。"我换乌龙茶,功夫茶吧,有吗?""有。"服务员下去了。

　　过了一会儿,茶和咖啡上来了。王总一杯龙井茶,许先生一杯咖啡跟配奶罐和糖罐,小李却对着服务员递给他的玻璃杯发愣了:这分明是一个西式的玻璃杯,而乌龙茶的茶具和茶艺都有特别的讲究。他嘲讽地问许先生:"这是不是五星级特有的乌龙茶?"许先生不知道该说什么。王总在旁边打圆场:"算了,你没听刚才那位服务小姐说,每位才58元,你就不要太讲究了吧。"

　　许先生拿过糖罐,想加点糖,却发现糖罐里除了白糖和黄糖,并没有自己喜欢的红糖或植物糖。他无奈地摇了摇头,拿起咖啡匙,正要搅拌,突然发现咖啡匙上沾满了细细的绒毛。原来,刚才服务员把咖啡匙放在了餐垫上。许先生气不打一处来,他放下咖啡杯,怒气冲冲地朝大堂副理走去……

请你分析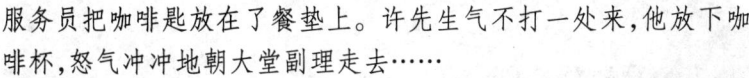

 **专家点评**

  饭店的硬件设备并不是其在竞争中取胜的唯一决定因素。本例中,饭店的硬件配备完美无瑕,但软件跟不上,客人就不会满意。

  客人选择不同档次的饭店是有不同档次的期望的,饭店不仅要满足客人的期望,而且应该做得比客人期望的更好。

  饭店的文字资料,包括广告、报价单、菜单等是饭店对客人的一种服务承诺,从严格意义上讲,是有法律效力的。文字上有,而实际上没有,客人就会把它当成一种欺骗行为。

  饭店管理层应该细心地、一丝不苟地做好各项工作,决不能把这类事情看做是小事而不予重视。

  而作为本案例重要当事人的服务小姐,更应严格按规范程序和标准提供对客服务,决不能因为是促销而让服务和产品大打折扣。

心得与体会

 **自我评估**

练习之后感觉怎么样?给自己打个分吧!请画"√"

成绩 项目	优	良	可	劣
对待客人投诉的态度				
对客人投诉心理的把握				
处理客人投诉的效果				

第七单元

酒吧英语

你 将 学 会

☆ 日常英语对话
☆ 日常跟进服务英语对话
☆ 日常自由沟通英语对话

第七单元 酒吧英语

模块 1

练习使用酒吧服务英语

☺ 训练提示

　　酒吧是作为一种舶来品传入我国的,为了能更清楚地了解世界各种名酒,了解世界酒文化的发展历程,同时也为了更好地为世界各地的客人提供优质服务,掌握酒吧服务英语就成了酒吧服务员必不可少的一项专业技能。

　　在实际工作中,大家往往会看到一些经验丰富的调酒师,与外国客人用英语聊天,其间谈笑风生,好不热闹,羡煞了那些英语不好的服务员。他们也曾暗下决心学好英语,但总是苦于不知从何学起,在这里,我们给大家列出一些酒吧中最常用的句子,只要将其烂熟于心多加练习,相信您也会成为酒吧中的英语高手。需要说明的是,本模块所列举的英语例句都是最常见、最常用的,某些句子在实际工作中可以省去不说,但为了满足不同水平的读者要求,在此便一并举出了。

训练1:进行日常英语对话练习 A

　　Hostess(H):领位　Guest(G):客人

H:Good morning/afternoon/evening, Sir/Miss. Welcome to our bar!

早上好/下午好/晚上好,先生/小姐,欢迎光临我们酒吧!

G:Good evening.

晚上好。

H:Do you have a reservation?

您有预订吗?

G:Yes!

是的!

H:May I know your name?

请问您叫什么?

G:My name is Mike.

我叫麦克。

H:How many people are there in your party?

请问一共有几位?

G:Two.

两位。

H:Would you like smoking area or non-smoking area?

您喜欢吸烟区还是非吸烟区?

G:Smoking area, please.

非吸烟区。

H:This way, please. You first/After you. Mind your step/head.

这边请,/您先请/您先请。小心脚下/头上。

G:Thank you!

谢谢!

H:Would you like to seat near the window or by the bar counter?

您喜欢坐在靠近窗户的位子还是坐在吧台旁边?

G:I like by the bar counter.

我喜欢坐在吧台旁边。

H: This seat is all right?

坐在这里可以吗?

G: Sure, thank you very much!

可以,非常感谢!

H: You are welcome!

不客气!

训练2:进行日常英语对话练习 B

Waitress(W):服务员　Guest(G):客人

W: Good evening, Sir/Miss. Welcome to our bar. What would you like to drink?

/Would you like to drink something?

/Would you like to some drink?

晚上好,先生/小姐,欢迎光临我们酒吧,您想喝点什么饮料?

G1: Yes! Can you give me a drink list?

是的!可以给我看看酒单吗?

W: Oh……Sorry! I'm forgetting. Here you are.

噢……对不起!我忘了。给您。

G1: No problem! Could you give me some recommend?

没关系!你可以给我点儿建议吗?

W: Could you speaking a little slower?

您可以讲慢些吗?

G1: Yes.

好的。

W: Thanks! We have soft drink, fresh juice, mineral water and spirit, which kind of would you like/prefer?

谢谢！我们有软饮料、鲜果汁、矿泉水、啤酒和烈性酒,您喜欢哪一种/更喜欢哪一种？

G1: Let me think……Beer.
让我想想……啤酒。

W: Do you like bottle beer or draught beer?
您想要瓶装啤酒还是扎啤？

G1: I like bottle beer.
我喜欢瓶装啤酒。

W: Would you like local beer or imported beer?
您喜欢本地啤酒还是进口啤酒？

G1: Imported beer, Heineken Please!
进口啤酒,喜力,谢谢！

W: And you, miss?
您呢,小姐？

G2: I like to drink fresh juice, what kind of do you have?
我喜欢喝鲜果汁,你们都有哪些呢？

W: We have orange, pineapple, apple, grapefruit, mango, peach and tomato juice.
我们有橙汁、菠萝汁、苹果汁、西柚汁、芒果汁、桃汁和番茄汁。

G2: Give me a mango juice.
给我一杯芒果汁。

W: Yes, wait a moment, please!
好的,请稍等！

G2: Thank you.
谢谢。

W: I'm sorry to have kept you waiting. Your Heineken and mango juice.

对不起让您久等了,您的喜力啤酒和芒果汁。

G2: It is fresh fruit mango juice?
这是鲜榨芒果汁吗?

W: Yes, anything else?
是的,还有什么需要吗?

G1: No, thank you.
没有了,谢谢。

W: You are welcome. Enjoy your drink!
不客气,请慢饮!

训练3:进行英语跟进服务练习A

Bartender(B):调酒师　　Guest(G):客人

B: Would you care for another bottle beer?
您想再要一瓶啤酒吗?

G1: Why not?
为什么不呢?

B: And you, miss?
小姐您呢?

G2: No, thank you, I'm enough.
不,谢谢你我已经足够了。

B: Would you like one check or separate check?
请问您是合单结账还是分单结账?

G2: One bill.
一张账单。

B: Two Heineken beer and one fresh mango juice add 15% service charge, total 125.5 RMB.
两瓶喜力啤酒和一杯鲜榨芒果汁另加15%的服务费,一共是125.5元人民币。

G1:I'm staying in your hotel, may I sign the bill?

我住在你们的酒店里,我可以签单吗?

B: Yes, of course. May I know your name and room number?

是的,当然可以,我可以知道您的姓名和房间号码吗?

G1:This is my room card.

这是我的房卡。

B: Ok, please take care of your room card.

可以了,请保管好您的房卡。

B: May I change your ashtray, Sir?

我可以给您换一下烟灰缸吗?先生。

G1:Yes, please!

好的。

训练4:进行英语跟进服务练习 B

Bartender(B):调酒师 Guest(G):客人

B:We have whisky and brandy, would you like to try?

我们有威士忌和白兰地,您想试一试吗?

G:Good idea! Give me a double bourbon whiskey.

好主意!给我一杯双份的波本威士忌。

B:I'm so sorry, bourbon whiskey is sold out, do you mind change Canadian whisky?

真的非常抱歉,波本威士忌已经售完了,您介意换成加拿大威士忌吗?

G:All right.

好的。

B: Would you like on the rock or straight up?

您喜欢加冰喝还是净饮?

G:I like with Coca – Cola.

我喜欢配可口可乐喝。

B:I'm afraid we don't have Coca-Cola,but we have Pepsi.
我们恐怕没有可口可乐,但是我们有百事可乐。

G:OK.
可以。

B:Double Canadian Whisky with Pepsi,here you are.
双份的加拿大威士忌配百事可乐,给您。

G:Sorry, I want cold pepsi coke,please.
对不起,我喜欢配冰镇的百事可乐。

B:Ok, I will change your coke in a minute.
好的,我这就给您换一杯可乐。

G:I am very very sorry!
我非常非常的抱歉!

B:No problem, don't mention it!
没关系!

训练5:进行英语自由沟通练习

Bartender(B):调酒师 Guest(G):客人

B:Where are you from?
你从哪里来?

G:I am from California, but I have lived in Shanghai for the last 2 years.
我来自加利福尼亚,但是近两年都住在上海。

B:Is this your first time in Beijing?
这是你第一次到北京吗?

G:Yes.
是的。

B:Are you here on vacation or business?

你来这里是度假还是做生意?

G:For company business.

为了公司的生意。

B:If you like, I would like to show you around the city.

如果你愿意,我很乐意带你到本市四处去逛逛。

G:That's very kind of you, but don't feel like you have to.

你真是太好了,但是请不要觉得这是你的义务。

B:Oh, no, I would like the chance to practice my English.

噢,不会,我只是想有个机会练习我的英语。

What do you do with your free time? Read book, exercise or watch TV?

你有空的时候都做些什么?看书、运动还是看电视?

G:Surfing the internet is a great way to spend spare time.

网上冲浪是一个打发空闲时间的好办法。

B:I'm much of an outdoor person, play basketball, camp out, swimming and play tennis.

我是个很喜欢户外活动的人,打篮球、露营、游泳和打网球。

G:Oh, My God! Are you sportsman?

噢,我的老天爷!你是运动员吗?

B:No, But sports is my favorite.

不是,但是体育运动是我的最爱。

考考你

1. 练习用英语为客人提供日常服务。
2. 练习用英语为客人提供跟进服务。
3. 练习用英语与客人自由沟通。

第七单元 酒吧英语

单元重点回顾

- 用英语与客人进行日常对话
- 用英语提供日常跟进服务
- 用英语与客人自由沟通

练习指导

关于酒吧的日常英语用语你已有了大致了解,下面是我们的练习建议,供你参考。

1. 与一位同伴合作,用英语进行日常对话练习和跟进服务练习。

2. 以世界杯或 NBA 为话题,练习与客人自由沟通。

3. 用英语和客人沟通并不难,只要多加练习就行。不过,可不要忘了,记住各种洋酒名也很重要,以免在对客服务时张冠李戴,闹出大笑话。

请你分析

如此领会,客人怎能不生气?

有一次,酒吧来了位美国客人。实习生小张上前服务。

"Give me one ice-cold beer, please!"客人语速较快地说道。小张的英语的确是二把刀,她只听懂了"Give me"是"给我",

"ice"是"冰","beer"是"啤酒"。心想：客人一定要的是啤酒加冰。于是,她也没向客人确认,就到吧台开单,然后端着酒水上给了客人。

可能是由于酒吧灯光较暗,在为客人斟酒时,客人并未注意,直到饮用时才发现啤酒被加了冰块(大家都知道,啤酒加了冰会冲淡其味道)。客人很是诧异,要求更换……

请你分析_____
_____
_____

专家点评

吧台服务员是酒吧的形象代表,在酒吧运行和对客服务中担负着多种重要的角色。做一名称职的吧台服务员要具备很高的素质,其中包括语言交际能力和高度应变能力。

【小张的错误】

小张的英语水平较低,靠猜单词去领会客人意图是行不通的！

【正确的做法】

1. 如果客人语速较快,而你又没有听清楚时,不妨请他(她)再重复一下。千万不要去猜测！

2. 来酒吧的客人即便讲英语,也有可能来自不同国家和地区,发音、讲话习惯各有不同。服务员平时要加强外语听说练习,适应各种语言环境。

3. 从酒水的服务常识上,能够判断出客人点单是否符合常规饮用方式。

4. 点单时,一定要向客人重复,得到确认后再正式开单。

第七单元 酒吧英语

【提示】

在酒吧工作的过程也是学习英语的过程,一个优秀的调酒师或服务员必定也是一名英语高手。要想做一名称职的服务员,一定要过语言关。

心得与体会 _____
_____
_____

 **自我评估**

练习之后感觉怎么样?给自己打个分吧!请画"√"

项目 \ 成绩	优	良	可	劣
酒吧英语的熟练程度				
酒吧英语的准确度				
服务用具英文名字的掌握情况				
各类酒英文名字的掌握情况				
用英文服务的效果				

附录一：

酒吧常用设备中英文对照

（一）前吧(front bar)设备设施

1. 洗手池及滴净板(hand sink & drain board)
2. 洗手池(hand sink)
3. 装饰物配料盒(condiments tray)
4. 贮冰槽及酒瓶舱(ice-bin & speed rack)
5. 啤酒配出器(draught-beer machine)
6. 苏达枪(soda gun)
7. 废物箱(waste bin)
8. 洗杯机(washing-machine)
9. 酒杯冷却机(glass chiller)
10. 咖啡机/咖啡加热器(coffee machine & coffee warmer)
11. 搅拌器/调酒器(blender)
12. 混合机/混合器(rotor mixer)

（二）后吧(back bar)设备设施

1. 酒吧展示柜(show case)
2. 酒杯贮藏柜(cup board)
3. 瓶酒贮藏柜(wine cooler)

4. 干品贮藏柜(storage case)
5. 电冰箱(refrigerator)
6. 冰块机(ice machine)
7. 碎冰机(ice crusher/ice shaver)

附录二：

酒吧用具和载杯中英文对照

（一）调酒器具（equipment）

1. 调酒壶（shaker or tin）
2. 调酒杯（mixing glass）
3. 滤冰器（strainer）
4. 吧勺（bar-spoon）
5. 量杯（measure & shot-glass）jigger = 1.5oz
6. 开瓶钻（corkscrew）
7. 其他器具：

    水果刀（bar knife）

    削皮刀（peeler）

    水果榨汁器（juice-squeezer）

    钻板（cutting board）

    搅酒棒（mixing-stir）

    冰铲（ice-scoop）

    冰桶（ice-bucket & wine-cooler）

    冰夹（ice tongs）

    水桶（barrel）

    调味瓶（salt & pepper shaker）

    糖盒（sugar-bowl）

鸡尾酒签(cocktail pick)
吸管(drinking-straw)
杯垫(coaster)
瓶嘴(pourer)
冰锤(ice-muddle)
酒吧纸巾(cocktail-napkin)
酒吧毛巾(bar-rag & bar-towel)
洗涤剂(scour)
消毒剂(disinfector)
……

调酒用具

（二）酒吧常用杯具（glassware）

1. 鸡尾酒杯（cocktail glass）
2. 高球杯 & 柯林杯（highball & collins glass）
3. 古典杯（old-fashioned glass）
4. 白兰地杯（brandy glass）
5. 香槟杯（champagne glass）
6. 酸酒杯（sour glass）
7. 利口杯（liqueur glass／cordial glass）
8. 啤酒杯（beer glass／beer mug）
9. 葡萄酒杯（wine glass／red wine glass & white wine glass）
10. 风暴杯（hurricane glass）
11. 果汁杯（juice glass）

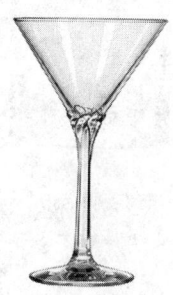

鸡尾酒杯

白葡萄酒杯

红葡萄酒杯

香槟杯(碟形)　　香槟杯(郁金香形)　　白兰地杯

啤酒杯　　扎啤杯　　古典杯

(三)酒吧其他服务用品

除上述器具外,酒吧在对客服务时还需要下列用品:
1. 酒单(drink list)
2. 盘、碟(plate & saucer)
3. 咖啡杯(coffee cup & saucer)

附录二：酒吧用具和载杯中英文对照

4. 茶杯(tea cup & saucer)
5. 托盘(servicing tray)
6. 收费盘(bill holder)
7. 烟灰缸(ashtray)
8. 火柴(matches)
9. 干果盅(peanuts bowl)
10. 蜡烛(candle)
11. 咖啡勺(tea or coffee spoon)
12. 收款机(register)
13. 扑克和象棋(cards & chess)
14. 音响(sounder)

附录三：

酒吧常用酒水中英文对照

开胃酒 APERITIFS

一、味美思 VERMOUTH
1. 仙山露（白）　　　　　Cinzano Bianco
2. 仙山露（干）　　　　　Cinzano Dry
3. 仙山露（红）　　　　　Cinzano Rosso
4. 马天尼（白）　　　　　Martini Bianco
5. 马天尼（干）　　　　　Martini Dry
6. 马天尼（红）　　　　　Martini Rosso
7. 诺瓦丽·普拉　　　　　Noilly Prat

二、比特酒 BITTER
1. 亚玛·匹康　　　　　　Amer Picon
2. 安格斯特拉　　　　　　Angostura Bitters
3. 金巴利　　　　　　　　Campari
4. 杜本内　　　　　　　　Dobonnet
5. 安德伯格　　　　　　　Underberg

三、茴香酒 ANISE
1. 派斯提斯　　　　　　　Pastis
2. 潘诺（茴青色）　　　　Pernod
3. 瑞卡得 45（染色）　　　Ricard 45

甜食酒 DESSERT WINES

一、雪利酒 SHERRY

1. 阿莫鲁索　　　　　　　Amoroso
2. 雪利乳酒　　　　　　　Cream Sherry
3. 菲奴　　　　　　　　　Fino
4. 哈维斯　　　　　　　　Harveys
5. 奥罗鲁索　　　　　　　Oloroso
6. 圣地门菲奴　　　　　　Sandeman Fino
7. 天奴比　　　　　　　　Tio-pepe

二、玛德拉酒 MADEIRA

1. 法兰卡　　　　　　　　Franca
2. 利考克　　　　　　　　Leacock
3. 甘霖酒　　　　　　　　Rainwater

三、波特酒 PORT WINE

1. 道斯 No.1　　　　　　 Dow's No.1
2. 方塞卡　　　　　　　　Fonseca
3. 圣地门　　　　　　　　Sandeman
4. 泰勒　　　　　　　　　Taylor's
5. 白波特　　　　　　　　White port

利口酒 LIQUEURS

1. 荷兰蛋黄酒　　　　　　Advocaat
2. 安摩拉多杏仁酒　　　　Amaretto di saranno
3. 茴香利口酒　　　　　　Anisette
4. 杏白兰地　　　　　　　Apricot Brandy

5. 苹果白兰地	Calvados Brandy
6. 樱桃白兰地	Cherry Brandy
7. 草莓白兰地	Strawberry Brandy
8. 百利士	Bailey's Irish Cream
9. 当酒	Benedictine D. O. M.
10. 黑醋栗酒	Chambord
11. 修道院酒	Chartreuse
12. 君度	Cointreau
13. 杏仁乳酒	Crème de almond
14. 香蕉乳酒	Crème de banana
15. 黑可可乳酒	Crème de cacao dark
16. 白可可乳酒	Crème de cacao white
17. 黑加仑酒	Crème de cassis
18. 樱桃甜酒	Crème de cherry
19. 绿薄荷乳酒	Crème de menthe green
20. 白薄荷乳酒	Crème de menthe white
21. 紫罗兰乳酒	Crème de violette
22. 库拉索橘酒	Curacao Orange
23. 库拉索三干酒	Curacao Triple Sec
24. 杜林标	Drambuie
25. 加利安诺	Galliano
26. 绿薄荷酒	Get 27
27. 白薄荷酒	Ger 31
28. 金万利	Grand Marnier
29. 卡鲁瓦	Kahlua
30. 樱桃烈酒	Kirsch
31. 利口杏酒	Liqueurs d'apricots
32. 马力伯椰子甜酒	Malibu

33. 玛拉奇诺　　　　　Maraschino
34. 青瓜甜酒　　　　　Midori
35. 薄荷酒(无色)　　　Peppermint White
36. 薄荷酒(绿色)　　　Peppermint Green
37. 喜龄　　　　　　　Peter Heering
38. 威廉梨酒　　　　　Poire William
39. 桑布卡　　　　　　Sambuca
40. 斯骆金酒　　　　　Sloe Gin
41. 南方康富酒　　　　Southern Comfort
42. 玛丽泰　　　　　　Tia Maria

金酒 GIN

1. 必发达　　　　　　Beefeater
2. 哥顿金　　　　　　Gordon's
3. 健尼路　　　　　　Greenall's
4. 添加利　　　　　　Tanqueray
5. 伯内茨　　　　　　Burnett's
6. 孟买蓝宝石金　　　Bombay
7. 钻石金　　　　　　Gilbey's
8. 老汤姆　　　　　　Old Tom
9. 老妇人　　　　　　Old Lady's
10. 施格拉姆　　　　　Seagram's

伏特加 VODKA

1. 莫斯科绿牌　　　　Moskovskaya
2. 首都红牌　　　　　Stolichnaya

3. 斯米尔诺夫　　　　　　Smirnoff
4. 美国五福　　　　　　　Wolfschmidt
5. 皇家伏特加　　　　　　Absolute vodka
6. 哥萨克　　　　　　　　Cossack
7. 芬兰伏特加　　　　　　Finlandia

特基拉 TEQUILA

1. 金快活　　　　　　　　Jose Cuervo
2. 特制金快活　　　　　　Jose Cuervo Especial
3. 征服者　　　　　　　　Conquistador
4. 欧米卡　　　　　　　　Olmeca

朗姆酒 RUM

1. 百家地　　　　　　　　Bacardi
2. 哈瓦那俱乐部　　　　　Havana Club
3. 美亚士黑朗姆酒　　　　Myer's
4. 老牙买加　　　　　　　Old Jamaica
5. 莱姆白　　　　　　　　Lamb's White
6. 莱姆黑　　　　　　　　Lamb's Dark
7. 摩根船长黑朗姆　　　　Captain Morgan Dark
8. 摩根船长白朗姆　　　　Captain Morgan White

威士忌 WHISKY/WHISKEY

一、苏格兰威士忌 SCOTCH WHISKY
  ◆ 纯麦芽威士忌 PURE MALT WHISKY

附录三:酒吧常用酒水中英文对照

1. 家豪　　　　　　　　Cardhu
2. 迪沃斯　　　　　　　Dewar's
3. 格兰裴第切　　　　　Glenfiddich
4. 格兰利裴　　　　　　Glenlivet

◆ 兑和威士忌 BLENDED WHISKY

1. 大使　　　　　　　　Ambassador
2. 百龄坛　　　　　　　Ballantine's
3. 百龄坛金年　　　　　Ballantine's Gold
4. 金铃　　　　　　　　Bell's
5. 芝华士　　　　　　　Chivas Regal Whisky
6. 顺风　　　　　　　　Cutty Sark
7. 威雀　　　　　　　　The Famous Grouse
8. 百笛100　　　　　　 100 Pipers whisky
9. 高地女王　　　　　　Highland Queen
10. 珍宝　　　　　　　　J & B
11. 黑方　　　　　　　　Johnnie walker black label
12. 红方　　　　　　　　Johnnie walker red label
13. 蓝方　　　　　　　　Johnnie walker blue label
14. 金方　　　　　　　　Johnnie walker golden label
15. 朗·约翰　　　　　　Long John
16. 老帕尔　　　　　　　Old Parr
17. 护照　　　　　　　　Passport
18. 安尼女王　　　　　　Queen Anne
19. 教师　　　　　　　　Teacher's
20. 69酿　　　　　　　　Vet 69
21. 白马　　　　　　　　White Horse Whisky
22. 白牌威士忌　　　　　White Label Whisky
23. 威廉·格兰特　　　　William Grant's

二、爱尔兰威士忌 IRISH WHISKEY

1. 尊占臣　　　　　　　John Jameson
2. 帕蒂　　　　　　　　Paddy
3. 波威尔　　　　　　　Power's

三、加拿大威士忌 CANADIAN WHISKY

1. 加拿大俱乐部　　　　Canadian Club
2. 皇冠　　　　　　　　Crown Royal
3. 士鉴皇冠　　　　　　Seagram's Crown Royal
4. 士鉴特纯　　　　　　Seagram's V. O.

四、美国波本威士忌 AMERICAN BOURBON WHISKEY

1. 四玫瑰　　　　　　　Four Roses
2. 老宪章　　　　　　　Old Charter
3. 积丹尼　　　　　　　Jack Daniel's
4. 占边　　　　　　　　Jim beam
5. 野火鸡　　　　　　　Wild Turkey

白兰地 BRANDY

一、干邑 COGNAC

1. 奥吉尔　　　　　　　Augier
2. 百事吉　　　　　　　Bisquit
3. 百事吉 V. S. O. P.　　Bisquit V. S. O. P.
4. 百事吉 X. O.　　　　 Bisquit X. O.
5. 金花　　　　　　　　Camus
6. 拿破仑　　　　　　　Courvoisier
7. 长颈　　　　　　　　F. O. V.
8. 御鹿　　　　　　　　Hine
9. 轩尼诗 X. O.　　　　 Hennessy X. O.

10. 马爹利　　　　　　　　Martell
11. 金像　　　　　　　　　Otard
12. 人头马俱乐部　　　　　Rémy Martin Club
13. 人头马 V.S.O.P.　　　　Rémy Martin V.S.O.P.
14. 人头马 X.O.　　　　　　Rémy Martin X.O.

二、雅马邑 ARMAGNAC

1. 夏博　　　　　　　　　Chabot
2. 珍尼奥　　　　　　　　Janneau

啤酒 BEER

1. 阿姆斯特　　　　　　　Amstel
2. 喜力　　　　　　　　　Heineken
3. 嘉士伯　　　　　　　　Carlsberg
4. 贝克　　　　　　　　　Beck's Bier
5. 卢云堡　　　　　　　　Lowenbrau
6. 克罗能堡　　　　　　　Kronenbourg
7. 科罗娜　　　　　　　　Corona
8. 朝日　　　　　　　　　Asahi アサヒ
9. 三得利　　　　　　　　Suntory サントリー
10. 铁锚　　　　　　　　　Anchor Beer
11. 虎牌　　　　　　　　　Tiger Beer
12. 生力　　　　　　　　　San Miguel

附录四：

酒吧服务程序中英文对照

服务程序 Service program

Greeting	向客人问好
Show the way	为客人引路
Pull the chair (Sitting the quest)	为客人拉椅子
Serve the drink list	向客人双手递上饮料单
Taking order	为客人点饮料
Give suggestion	给客人建议
Repeat order	重复客人的点单
Write order	开正式单
Bring the drink from bar	从酒吧取饮料
Serve the drinks	为客人服务饮料
Serve the snacks	为客人服务小吃
Change the ashtray	为客人更换烟灰缸
Increase the snacks	添加新的小吃
Increase the drinks	添加饮料
Communication with guest	与客人交流
Bring the bill	为客人结账
Guest opinion	询问客人意见

附录四：酒吧服务程序中英文对照

Greeting (say good-bye)　　送客人离开并致谢
Clean the table　　　　　　清理桌上物品
Resetting the table　　　　 重新摆台

后 记

《酒吧服务训练手册》是"跟我学饭店服务训练手册"中的一种。它是在旅游行业培训教材研发中心的统一组织下，针对酒吧服务员或即将成为酒吧服务员的读者编写的。适合旅游星级饭店、社会高档餐馆、娱乐、康乐设施中的酒吧一线服务人员岗前培训及在职提高、交叉培训使用。

本书主要以星级饭店、社会高档酒吧经营场所的服务要求为标准，加入了一些笔者在实际工作中的经验体会。

本书由陈昕主编，在编写本书的过程中，我们听取了许多专家、学者的宝贵意见，参阅了大量资料，在此向这些提供书籍和资料的作者表示衷心感谢。

全套教材有待在实践操作和使用过程中进一步修改和完善，敬请读者不吝指正。

编 者